Meike Aissen-Crewett

Ästhetische Erziehung für Behinderte

Ein Arbeitsbuch für die Praxis

mit einem Vorwort von Peter Rech

 verlag modernes lernen - Dortmund

© 1987 verlag modernes lernen
1. Auflage 1987
2. unveränderte Auflage 1989
verlag modernes lernen Borgmann KG — D - 4600 Dortmund 1
Gesamtherstellung: Löer Druck GmbH, Dortmund 1

Zeichnungen: Meike Aissen-Crewett

 Bestell-Nr. 1216   ISBN 3-8080-0127-5

Inhalt

5. Didaktik einer ästhetischen Erziehung für Behinderte auf der Grundlage von bildnerischen Elementen

Vorwort

Die Psychologisierung sämtlicher Lebensbereiche hat einen eigenartigen Widerspruch mit sich gebracht: Die Allmacht anstrebenden Therapien haben die Behinderungen ins Abseits gedrängt. Das Phantasmagorische unverarbeiteter seelischer Konflikte „überstrahlt" das Phänotypische der Behinderungen. Dabei definieren die Behinderungen die Pädagogik dort, wo sie — nicht mit dem geteilten psychischen Blick — behandelnd tätig werden muß, während die seelischen Fehlentwicklungen das Therapeutische oft genug nur kolportieren, weshalb die Therapien so ausufern. Behinderungen stellen sich als pädagogisch auszugleichende „Fehlbeträge" dar und schließen alles aus, was seelische Ausnahmezustände zur Ideologie erheben könnte.

In diesem Sinne zeigt Meike Aissen-Crewett sehr anschaulich, daß Behinderungen der expressiven und zugleich spielerischen gestalthaften Berücksichtigung bedürfen. Die vorgestellten haptischen, taktilen, motorischen und optischen Verfahren der Ästhetischen Erziehung verlebendigen und „erfüllen" die Wahrnehmungen und Produktionen behinderter Schüler derart, daß den Behinderungen alles Unverständliche und Abwegige verlorengeht.

Der kunsttherapeutisch geschulte Blick Meike Aissen-Crewetts vermag gerade in diesem Fall, die sonderpädagogische Ästhetische Erziehung zu repädagogisieren. Sämtliche Übungen reflektieren auf die Sinne, Empfindungen und Empfänglichkeiten in ihren organischen Ursachen.

Endlich liegt für die Sonderpädagogik eine spezifische Didaktik der Ästhetischen Erziehung vor, die sich dadurch legitimiert, daß sie sich in praktischen Entscheidungen greifbar macht, die überdies die Verstehensdimension der Schüler und Schülerinnen miteinschließen. Ich habe vor Jahren mit Emil Schult einen in dieser Hinsicht ähnlichen Versuch, allerdings für Kindererholungsmaßnahmen, angestrebt — wohl wissend, daß die Ausnahme der Ferien gerade die Schulwirklichkeit kaschiert. Im vorliegenden Buch scheint hindurch, wie es möglich ist, daß die Kinder zu ihrem Wohl in der Schule sind.

Ich wünsche diesem kinderorientiert und liebevoll konzipierten Buch, daß es von vielen Lehrern und Lehrerinnen der Sonderschule benutzt wird, damit es den Kindern zugute kommt, denen leider oft genug die kleineren Häppchen der „Normaldidaktik" vorgesetzt werden.

Peter Rech

1. Einleitung

1. Das behinderte Kind und die Kunst

Kinder haben einen natürlichen Drang, sich künstlerisch zu betätigen. Kunst ist eine elementare, natürliche Aktivität bei allen Kindern aller Kulturen. Das ist bei dem behinderten Kind nicht anders. Wie jedes Kind so ist auch das behinderte Kind mit einem kreativen Potential ausgestattet, dessen Entwicklung früh in der Kindheit beginnt. Die kreativen Erfahrungen eines behinderten Kindes unterscheiden sich von denen anderer (nichtbehinderter) Kinder — entsprechend der Art und dem Grad der Behinderung — lediglich in dem Ausmaß mentaler und/oder physischer Fähigkeiten zum Problemlösen.

Kunst entwickelt sich aus der Wahrnehmung von Objekten, Beziehungen, Kontrasten, Prozessen usw. Kunst ermöglicht einen Ausdruck, der lebensnotwendig ist und in keiner anderen Weise erfahren werden kann. Kunst ist Kommunikation. Für behinderte Kinder, die oft gravierende Schwierigkeiten in der verbalen und schriftlichen Kommunikation haben, bietet Kunst eine wichtige Möglichkeit, ihre Gedanken und Gefühle im bildnerischen Ausdruck mitzuteilen.

Kunst wird hier im Sinne der „ästhetischen Erziehung", wie sie von Hartmut von Hentig definiert worden ist, verstanden. Für ihn ist ästhetische Erziehung die „Ausrüstung und Übung des Menschen in der Aisthesis — in der Wahrnehmung". Zur Bestimmung der Lernziele des ästhetischen Bereichs gibt er folgende Stichworte: „Die Fähigkeit, das Wahrnehmen und Gestalten der eigenen Umwelt zu genießen, zu kritisieren, zu verändern/Verständnis der gesellschaftlichen Bedingungen und Wirkungen ästhetischer Phänomene/Ich-Stärkung durch Sensibilisierung der Perzeption". Kunst wird von ihm nicht mehr mit anerkannten Kunstwerken identifiziert. Sie beginnt „vielmehr schon mit den Wahrnehmungsprozessen" und reicht „bis in die elementaren Ausdrucksmöglichkeiten" (Hartmut von Hentig, Systemzwang und Selbstbestimmung, Stuttgart 1969, S. 93 f). Diese Worte gelten gleichermaßen für die ästhetische Erziehung Behinderter.

2. Ästhetische Erziehung für das behinderte Kind: Lernen durch Kunst

Im Kontext des Lernens ist es Aufgabe der Künste, die Sinne auszubilden. Beim behinderten Kind ist die Wahrnehmung oft gestört oder begrenzt und damit auch die Fähigkeit zur Abstraktion nachhaltig beeinträchtigt. Ein Kunsterziehungsprogramm für Behinderte muß deshalb einen konkreten, praktischen Ansatz haben, will es letztlich — was Ziel der hier niedergelegten Didaktik ist — auch zur Förderung kognitiver Fähigkeiten beitragen. Das Herz eines derartigen Kunsterziehungsprogramms muß eine breite Skala bildnerischer und motorischer Aktivitäten sein, die die Körperwahrnehmung, das Denken und die manuelle Geschicklichkeit fördern.

Um von einer oft zu beobachtenden diffusen, eher sozialfürsorgerischen Beschäftigung mit Behinderten gerade in der Kunsterziehung wegzukommen, wird in diesem Buch der Lernaspekt betont. Dies zeigt sich in Kapitel 5, in dem anhand von bildnerischen Elementen (Linie, Form, Raum, Farbe, Struktur, Bewegung) die Trainierung kognitiver Fähigkeiten wie auch anderer Fähigkeiten und Fertigkeiten — jeweils unter Berücksichtigung der Entwicklungserwartungen bei den verschiedenen Formen und Graden von Behinderungen — aufgezeigt wird. Auch bei den in Kapitel 4 vorgeschlagenen bildnerischen Aktivitäten und Verfahren wird besonderes Gewicht auf die damit angestrebten Lerninhalte gelegt. Die zusammenfassende Übersicht auf S. 48 macht dies deutlich. Der ästhetischen Erziehung Behinderter kann es um nichts weniger gehen als einer vordergründigen Aneignung technischer Fertigkeiten, wie die in dieser Übersicht enthaltenen Lerninhalte deutlich machen, von denen nur einige beispielhaft aufgeführt seien: Motorische Fertigkeiten (Hand/Auge-Koordination, grob- und feinmotorische Entwicklung), Wahrnehmung/Konzepte (visuelles Gedächtnis, ganzheitliches Erfassen, Raumerfassung, Mengen-, Richtungs-, Farbunterscheidung, Umweltbewußtsein, Problemlösen), Selbstverwirklichung (Emotionen, kreative Reaktionen, interpersonale Beziehungen, Selbstbewußtsein).

3. Das Etikett „Behinderung" darf nicht zu einer Abstempelung führen

So notwendig es für eine richtige Programmierung eines Kunsterziehungsprogramms ist, sich über Art und Ausmaß einer Behinderung und ihre grundsätzlichen Folgen für die ästhetische Erziehung im klaren zu sein, so entschieden muß doch gleichermaßen betont werden, wie notwendig es ist, behinderte Kinder nicht als „anders", als von einer bestimmten Norm abweichend, anzusehen und zu behandeln. Behinderte Kinder sind zunächst einmal Kinder wie andere auch. Sie wollen genauso aufgenommen und behandelt werden wie nichtbehinderte Kinder. Natürlich ergeben sich aufgrund der Behinderung Unterschiede und Abweichungen von dem, was man als Standard (berechtigt oder nicht berechtigt) festgelegt hat. Aufgabe eines Kunsterziehungsprogramms ist es, diese Unterschiede positiv aufzunehmen und (neben den Defiziten) gerade ihre Potentiale zu entdecken. Behinderung darf nicht als Barriere verstanden werden. Vor allem darf mit der Erkennung einer Behinderung nicht ein Standard(vor)urteil darüber verbunden werden, was das behinderte Kind nun alles nicht kann. Unterschätzung und Unterforderung sind kaum weniger gefährlich als Überschätzung und Überforderung. Sie entmutigen das Kind; die Etikettierung führt zu einer Abstempelung.

Was behinderte Kinder allerdings in besonderem Maße und insofern sicher stärker als nichtbehinderte brauchen, sind Zuwendung, Ermutigung, Unterstützung und Führung in ihrer Entwicklung auf ihre Selbstverwirklichung hin. Das behinderte Kind muß Vertrauen in seine Fähigkeiten gewinnen und damit in die Lage versetzt werden, seine Fähigkeiten zu entfalten und zu entwickeln.

4. Kunsterziehung für Behinderte ist keine Kunsttherapie

Die Stellung der Kunstpädagogik zu den Behinderten dürfte recht genau der Haltung in der Gesamtbevölkerung entsprechen: Man verdrängt dieses „Problem" weitgehend. Und soweit sich Kunstpädagogen mit ihm befassen, wird diese Beschäftigung, die doch nichts anderes als Pädagogik sein sollte, flugs als Kunsttherapie deklariert — offensichtlich in einem Versuch, die zu verantwortenden Defizite zu kompensieren.

Anhand der Kunsterziehung Behinderter zeigt sich besonders deutlich, wie falsch die Einebnung der Grenzen zwischen Kunsttherapie und Kunstpädagogik ist. Von Therapie kann nur gesprochen werden, wenn es um die Beeinflussung krankhafter Ausgangszustände geht (mag auch in der Medizin der Krankheitsbegriff nicht eindeutig definiert sein). Behinderung darf nicht mit Krankheit verwechselt werden; Behinderte sind nicht etwa **qua** ihrer Behinderung Kranke. Gerade diejenigen, die gegen musische Mißverständnisse zu Felde ziehen, merken nicht, wie sie abgestandene Ideologien von der Heilung des Menschen mittels Kunst durch eine (modernisierte und sich weltoffen gebende) Hintertür wieder einlassen.

Zu derlei Auffassungen nimmt dieses Buch eine eindeutige Gegenposition ein. Kunstpädagogik für Behinderte ist Pädagogik und nicht Therapie. Erziehung wird hier verstanden als die Herbeiführung einigermaßen dauerhafter Veränderungen von Persönlichkeitsmerkmalen durch mentale Beeinflussung. Mental bedeutet in diesem Kontext: über kognitive Prozesse ablaufend und mit emotionalen und motivationalen Prozessen einhergehend. In der Verantwortung für die Behinderten und mit der Absicht, aus dem begrifflichen und methodischen Morast herauszuführen, wird hier bewußt ein rationaler Ansatz vertreten, der vor allem von der Förderung kognitiver Fähigkeiten ausgeht und zur Förderung anderer Fähigkeiten und Fertigkeiten führt. Es darf nicht sein, daß eine konzeptionslose Kunstpädagogik, die gar noch therapeutische Ziele beschwört, nur die Position von Behinderten als Abgestempelten und Abgeschobenen zementiert. Geholfen ist ihnen nur mit einer Kunstdidaktik, die ihre Fähigkeiten erkennt und sich gezielt auf deren Förderung konzentriert.

5. Zur Darstellungsweise dieses Buchs

Beim Schreiben kam es mir auf eine knappe, griffige Darstellung an. Dabei mag der Text manchmal etwas kompakt geraten sein, zumal da ich versucht habe, nicht nur hinsichtlich der praktischen Vorschläge möglichst umfassend und konkret zu sein, sondern vor allem auch möglichst detaillierte Angaben zu machen über die nach den jeweiligen Behinderungen mögliche oder zu erwartende Entwicklung kognitiver wie anderer Fähigkeiten und Fertigkeiten. Erst diese Daten ermöglichen die Erarbeitung eines gezielten Kunsterziehungsprogramms. Dabei habe ich mich vor allem auf die amerikanische Forschung gestützt, ohne die ich das Buch nicht so hätte schreiben können.

●

Dieses Buch ist kein visionärer Text, es ist ein pragmatisches Buch. Ich würde mich freuen, wenn es als das aufgenommen würde, was es — bei allem Anspruch des Versuchs einer präzisen Fundierung einer Kunstdidaktik für Behinderte auch in theoretischer Hinsicht — sein möchte, nämlich ein Buch für die Praxis. Die in diesem Buch enthaltenen Vorschläge verstehen sich als Anregung an den Benutzer zum Lernen, zum Weiterdenken, zu eigenen kreativen Aktivitäten mit Behinderten.

In diesem Buch wird der Leser gelegentlich mit „Du" angesprochen, was nicht als Anbiederung mißverstanden sein soll. Diese direkte Ansprache ergab sich manchmal beim Schreiben aus dem Gefühl der direkten Kommunikation mit dem Leser heraus. In Kapitel 4 richtet sich dieses „Du" in der Regel an den Schüler, was dem Benutzer dieses Buches die Umsetzung in die Praxis etwas erleichtern mag.

6. Eine persönliche Bemerkung

Für mich bedeutet meine sechsjährige Tätigkeit an einer Sonderschule für Lernbehinderte eine wichtige, meine kunstpädagogischen Intentionen prägende Erfahrung. Daraus resultiert mein Interesse an einer sonder- und sozialpädagogisch intendierten Kunstpädagogik. Diese Arbeit hat ihren ersten Niederschlag zunächst in meinem Buch „Schülerzentrierte Kunstpädagogik" (Frankfurt a.M. 1985) gefunden, in dem ich anhand der von Erwin Heckmann vor allem in den zwanziger Jahren entwickelten und praktizierten Kunstpädagogik Fragen einer heilpädagogisch (nicht therapeutisch!) orientierten Kunstpädagogik nachgegangen bin. In meinem zweiten Buch „Kunsttherapie" (Köln 1986) ging es mir darum, eine Tatbestandsaufnahme dessen zu bieten, wie Kunsttherapie sich heute international darstellt. Das Befassen mit der Kunsttherapie hat mich die Notwendigkeit einer genauen Grenzziehung zwischen Kunstpädagogik und Kunsttherapie gelehrt. Nachdem das vorliegende Buch die sonderpädagogische Seite der Kunstpädagogik zum Gegenstand hat, befasse ich mich derzeit mit der sozialpädagogischen Seite der Kunstpädagogik, vor allem in Form der bildnerisch-kreativen Arbeit mit alten Menschen.

7. Dank

Ich bin froh, daß Prof. Dr. Peter Rech nach seinem Vorwort zu meinem Kunsttherapie-Buch (1986) sich zum zweiten Mal spontan bereit erklärt hat, ein Vorwort auch zu diesem Buch zu schreiben. Seine Bücher „Abwesenheit und Verwandlung" (1981) und „Kunst und Liebe" (1983) haben neben seinen zahlreichen sonstigen Arbeiten meine Vorstellungen über die Trias Kunst, Pädagogik und Therapie entscheidend geprägt. Peter Rech war es auch, der mich im Jahre 1985, als ich noch keine Zeile veröffentlicht hatte, zur Arbeit an meinem Kunsttherapie-Buch und zu anderen Veröffentlichungen ermutigte. Ich danke ihm für seine Offenheit, seine Menschlichkeit, sein Vertrauen in meine Arbeit und seine Ermutigung.

Eva Schirmer, Arbeitsstelle für historische und vergleichende Kunstpädagogik, Hochschule der Künste Berlin, danke ich für ihre, wie immer bereitwillige und tatkräftige, Unterstützung bei der Beschaffung von Aufsätzen aus amerikanischen Zeitschriften.

2. Arten von Behinderungen und ihre Folgen für die ästhetische Erziehung

Es gibt nicht „die" Behinderung schlechthin, sondern vielmehr verschiedene Arten und Grade von Behinderungen. Die Arten von Behinderungen und die sie charakterisierenden Eigenschaften wie auch die sich daraus ergebenden allgemeinpädagogischen Fragen sind Gegenstand dieses Kapitels. Kunstunterricht für Behinderte muß die Folgen der jeweiligen Behinderung für die ästhetische Erziehung kennen, soll er spezifisch für die Bedürfnisse einer bestimmten Behinderung programmiert werden. Dies ist eine weitere — zentrale — Frage dieses Kapitels.

1. Lernbehinderte

1.1 Definition

Lernbehinderung ist keine definitorisch exakt umschreibbare Behinderung, für die präzise medizinische, psychologische und soziologische Bestimmungsmerkmale gelten. Zu einer ersten, allerdings sehr vorläufigen und letztlich kaum verläßlichen Einordnung kann der IQ dienen, der aber in den verschiedenen Untersuchungen verschieden bestimmt wird; amerikanische Untersuchungen gehen dabei von einem IQ zwischen 50—75 aus. Die Lernfähigkeit lernbehinderter Kinder beläuft sich auf etwa $1/2$ bis $3/4$ der von nichtlernbehinderten Kindern.

1.2 Allgemeine pädagogische Folgen

Lernbehinderte Kinder

● lernen verbale Aufgaben mit langsamer Geschwindigkeit;
● lernen mit konkretem Material besser als mit abstraktem;
● lernen Konzepte in sehr kleinen Einheiten;
● weisen eine Rigidität in Lernsituationen auf und zeigen sich resistent gegenüber einem Wechsel;
● haben kurze Aufmerksamkeitsspannen und sind leicht abzulenken;
● benötigen Lob und andere Bestätigungen;
● brauchen Aufgaben mit einem „eingebauten Erfolg";
● benötigen systematische Lehrkonzepte und eine systematische Methodologie;
● beschäftigen sich länger mit einer Aufgabe, bevor der wirkliche Lernprozeß beginnt.

1.3 Folgen für die ästhetische Erziehung

● Die Kunsterziehung sollte eng in das gesamte Erziehungsprogramm integriert werden.

- Bildnerische Aktivitäten müssen strukturiert sein und das Moment der Wiederholung aufweisen.

- Erforderlich sind Stunden, die der Bestätigung dienen, mit konkreten Konzepten sowie taktilen und sensoriellen Vorgehensweisen.

- Zu achten ist auf die Organisation des Unterrichts (einschließlich des Einsatzes des Materials).

- Besondere Betonung ist auf die bildnerischen Elemente (Linie, Form, Raum, Farbe usw.) zu legen; erst wenn diese dem lernbehinderten Kind vermittelt sind, sind weitergehende bildnerische Aktivitäten möglich.

- Zu achten ist auf die Entwicklung grob- und feinmotorischer Fertigkeiten und der Hand/Auge-Koordination.

- Wichtig sind erfolgsorientierte Stunden, um das Selbstvertrauen zu stützen und das Bild vom eigenen Ich zu verbessern.

- Primärziele sollten das Lernen über sich selbst und die unmittelbare Umgebung sowie die Verbesserung des Selbstkonzepts sein.

- Zu achten ist auf die Beherrschung von Werkzeugen und Material, von Grundformen und -farben.

- Auf konkrete Erfahrungen der Kinder sollte rekurriert werden, etwa in der Familie, Schule, Freundeskreis usw.

Hinsichtlich der Entwicklung Lernbehinderter auf bildnerischem Gebiet können etwa folgende Parallelen zur Entwicklung eines nichtlernbehinderten Kindes gezogen werden:

Bei einem 6jährigen Lernbehinderten sollte ein Sensitivitäts- und Stimulusprogramm eingesetzt werden, das dem Vorschulniveau entspricht. Im Alter von 8 Jahren wird das lernbehinderte Kind etwa das Niveau eines Erstkläßlers erreicht haben. Dementsprechend sollte der Lehrer konkrete Erfahrungen nutzen, wobei darauf zu achten ist, daß nur jeweils **eine** Fertigkeit geübt wird; wichtig ist immer, daß ein längerer Zeitraum als bei einem nichtlernbehinderten Kind gewährt wird. Lernbehinderte ab etwa 12 Jahren weisen zwar eine erhebliche Lernfähigkeitsverzögerung auf, sollten aber durchaus in alle bildnerische Aktivitäten nichtlernbehinderter Kinder einbezogen werden; dabei muß auf die geringere Lerngeschwindigkeit der Lernbehinderten geachtet werden. Sollte sich für lernbehinderte Kinder, die zusammen mit nichtlernbehinderten Kindern unterrichtet werden, eine Aufgabe oder ein Konzept als zu komplex oder abstrakt erweisen, soll die Aufgabe in kleinere Einheiten aufgeteilt werden, um so dem lernbehinderten Kind die Möglichkeit zu geben, jeden Abschnitt für sich meistern zu lernen. Auch mag es erforderlich sein, die Aufgabe und das Konzept in einer einfacheren und konkreteren Weise zu erklären. Dabei empfiehlt es sich, jeweils nur **eine** Aufgabe zu behandeln und **eine** Fähigkeit/Fertigkeit zu trainieren. Das Vorzeigen (früher) gefertigter Objekte unterstützt das Verständnis.

2. Geistigbehinderte

2.1. Definition

Geistige Behinderung liegt vor, wenn die seelisch-geistige Gesamtsituation eines Menschen auf Dauer und trotz regulärer, auch gegebenenfalls vorhandene sensorielle und andere körperliche Beeinträchtigungen berücksichtigender erzieherischer Bemühungen den Rahmen dessen nicht überschreitet, was bei einem IQ unter 50 (manche meinen auch 60) zu erwarten ist — im Unterschied zur Lernbehinderung, die durch einen höheren IQ bestimmt wird. Allerdings muß auch hier beachtet werden, daß der IQ keine abschließend verläßliche Aussage über Art und Ausmaß der Behinderung ist. Der IQ ist nur insofern von Interesse, als er ungefähre Aussagen über das zu erwartende Lernverhalten erlaubt.

2.2 Allgemeine pädagogische Folgen

Das geistig behinderte Kind

- ist nicht in der Lage, Symbole bei der Lösung von Problemen von selbst geringer Komplexität zu benutzen;
- kann kommunizieren und gewisse sich wiederholende Routineaufgaben durchführen;
- lernt bei von ihm zu bewältigenden Aufgaben mit einer Geschwindigkeit, die $1/4$ bis $1/2$ der des nichtgeistigbehinderten Kindes beträgt;
- erreicht als Kind ein mentales Alter von 6 bis 8 Jahren bzw. als Erwachsener von 8 bis 9 Jahren;
- ist oft passiv und hat grob- und feinmotorische Probleme;
- ist nicht in der Lage, zu abstrahieren oder Lernprozesse zu transferieren;
- zeigt eine kurze Aufmerksamkeitsspanne und ein geringes Erinnerungsvermögen.

Zu nennen sind ferner:

- die sachverhaftete Ansprechbarkeit
- die senso-motorische Aufmerksamkeit
- die spezielle Führungsbedürftigkeit
- die gemäßigte Lerndynamik
- die permanente Anregungsbedürftigkeit.

Als Lernziele sind vor allem zu nennen:

- Selbständigkeit (lebenspraktische Erziehung): Selbstbesorgung, Körperpflege, An- und Ausziehen, Kleiderpflege, Verkehrssicherheit
- Wahrnehmungstüchtigkeit (Wahrnehmungserziehung): Augen-, Hör-, Tast-, Geruchs-, Raumsinnschulung
- emotionale Teilhabe (emotionale Erziehung): Vertrauen, Miterleben, Selbstvertrauen

- einfache Denkvollzüge (Verstandeserziehung): Gegenstands-, Regel-, Zeichen-, Zahlenverständnis; ausgehend von der senso-motorischen Intelligenz Entwicklung des vorbegrifflich-symbolischen und anschaulichen Denkens.

2.3 Folgen für die ästhetische Erziehung

- Geachtet werden sollte auf die kinästhetische Beherrschung und den Einsatz von Werkzeugen und Materialien.
- Wichtig sind einfache Verfahrensarten.
- Es gilt, das Bewußtsein durch sensorielle Stimuli zu entwickeln.
- Grobmotorische Fertigkeiten sind vor kleinmotorischen zu trainieren.
- Zu entwickeln ist danach die Farb- und Formidentifikation.
- Bei der technischen Verwirklichung sollten z.B. ganze Stunden damit verbracht werden, lediglich die Beherrschung des Pinsels zu lernen und lediglich das Papier mit Farbe zu bedecken.
- Kinder finden Spaß daran, Material zu beherrschen, z.B. Draht zu biegen, Ton zu formen usw.
- Es sollte die Möglichkeit gegeben werden, den Selbstausdruck sich entwickeln zu lassen.
- Die bildnerischen Elemente und Prinzipien sollten eine fundamentale Rolle im Kunsterziehungsprogramm spielen.

3. Sehbehinderte und Blinde

3.1 Definition

Unter dem Oberbegriff der Sehschädigung werden drei Formen subsumiert: Blindheit, hochgradige Sehbehinderung und sonstige Sehbehinderung. An der oberen Grenze der Sehbehinderung gibt es fließende Grenzen zur Normalsichtigkeit; als Abgrenzungskriterien werden in der Regel ophtalmologische (augenärztliche) Funktionswerte herangezogen.

Als sehbehindert gilt derjenige, dessen Sehschärfe trotz Korrektur durch optische Sehhilfen auf $1/3$ bis $1/20$ der Norm herabgesetzt ist. Hochgradige Sehbehinderung liegt bei einer Herabsetzung der Sehschärfe auf $1/20$ bis $1/50$ der Norm vor, Blindheit besteht ab $1/50$. Diese Meßzahlen dürfen aber nicht verabsolutiert werden, sie sind nur Orientierungsdaten.

3.2 Allgemeine pädagogische Folgen

Allgemein sind die Lehrverfahren durch folgende Gesichtspunkte bestimmt:

- Einsatz der Restsinne
- Konkretisierung
- Individualisierung

- Eigenaktivität
- Strukturierung und Sequenzierung der Lehrgegenstände
- Kommunikation
- Verbalisierung.

Weitere wichtige Erkenntnisse für die Erziehung Sehgeschädigter:

- Wenn die sensorielle Perzeption beschränkt ist, wird das sehgeschädigte Kind hinter Kindern ohne Sehstörungen in seiner kognitiven Entwicklung in der Regel hinterherhinken.
- Sehgeschädigte Kinder zeigen manchmal eine geringere Performanz und ermüden schneller.
- Sehgeschädigte Kinder benötigen Stimulation, damit sie ihre anderen sensoriellen Möglichkeiten nutzen, um ihre Umwelt zu erforschen.
- Sehgeschädigte Kinder müssen lernen, ihre verbleibende Sehfähigkeit effizienter einzusetzen, um visuelle Stimuli zu interpretieren.
- Die Entwicklung sinnvoller Konzepte für sehgestörte Kinder erfordert ein Maximum an konkreten, lebendigen und praktischen Erfahrungen.
- Spezielle Medien, Hilfen und Geräte sind für sehgestörte Kinder erforderlich.

Die Trainierung der Aufmerksamkeitszuwendung seitens des sehgestörten Kindes gegenüber seiner Umwelt kann im wesentlichen durch folgende Mittel erzielt werden:

- Verstärkung optischer Reize, kräftige Kontraste, Farbintensität, große Flächen: optimale Beleuchtung
- Erregung der Aufmerksamkeit durch (psychisch:) Erwartung und (visuell:) bewegte Objekte
- Gezielter Erwerb von Seherfahrungen: Verbindung mit Tast-, Greif-, Geschmackserfahrung, Erinnerung an Erlebnisse, die mit visuellen Wahrnehmungen in Verbindung stehen.

3.3 Folgen für die ästhetische Erziehung

Es gibt viele Arten von Sehbehinderungen, die sich auf die bildnerische Betätigung auswirken. Viele Sehbehinderte können ihre Augen nur in einem beschränkten Maße bewegen. Die Fähigkeit, die Augen nur für kurze Zeit zu fixieren, kann eine ungenaue Wahrnehmung zur Folge haben. Bei einigen Schülern kann die längere Fixierung von sehr kleinem Material oder Material, das sehr nahe an das Auge gehalten wird, Schwindelgefühle verursachen. Der Lehrer sollte daran denken und dies vermuten, wenn der Schüler wiederholt von seiner Arbeit wegsieht und in die Ferne blickt (um so seine Schwindelgefühle loszuwerden). Schaden am Sehnerv kann die periphere Sicht des Schülers reduzieren. Dies kann dazu führen, daß der Schüler seinen Hals drehen oder biegen muß, um ein Objekt zu sehen. Auch kann dieses beschränkte Sichtfeld zur Folge haben, daß der Schüler lediglich einen kleinen Ausschnitt aus einem großen Bild sieht und beschreibt.

Bei dem Entwerfen eines Kunsterziehungsprogramms für sehbehinderte Kinder sollte beachtet werden, daß das Kind

- bei einem persönlichen Beteiligtsein und der Möglichkeit der Herstellung einer persönlichen Beziehung zu einer besseren visuellen Wahrnehmung in der Lage ist;
- zur visuellen Wahrnehmung besser fähig ist, wenn ihm visuelle Stimuli in Form attraktiver Strukturen, die zugleich taktile Erfahrungen vermitteln, geboten werden;
- durchaus in der Lage ist, kreativ zu denken und zu fühlen sowie mit vielen künstlerischen Medien und Techniken kreativ umzugehen;
- in der Lage ist, ein Bild zu malen, wenn der Farbauftrag mit einer gewissen Reliefbildung verbunden ist, also Linien und Strukturen nachgefühlt werden können;
- dreidimensionale Gebilde oder Drucke herstellen kann, wenn diese haptisch erfaßt werden können.

4. Körperbehinderte

4.1 Definition

Körperbehinderung definiert sich durch

- die motorische Insuffizienz,
- den physischen Defekt,
- das somatische Handikap.

Im einzelnen sind die folgenden Erkrankungen zu nennen, die zu einer Körperbehinderung führen:

- Extremitätenschädigung
- Mißbildungen, Erkrankungen und Noxen im Bereich der Wirbelsäule, die zu der großen Zahl von Querschnittlähmungen unterschiedlicher Schweregrade führen
- Muskelerkrankungen
- Minderwuchs
- angeborene und während der Geburt oder später erworbene Hirnschäden, die vornehmlich cerebrale Lähmungen und Anfallsleiden verursachen
- sonstige körperliche Erkrankungen.

Körperbehinderte weisen physische Beeinträchtigungen auf, die verschiedene Grade von Schwierigkeiten physischer Bewegungen zur Folge haben. Normalerweise sind das Gehen, die Hand/Auge-Koordination sowie die grob- und feinmotorischen Fertigkeiten betroffen. Spastische Bewegung von Gliedern behindert erheblich die motorische und sensorielle Entwicklung. Andere körperbehinderte Kinder haben Muskelschwächen in ihren Armen, Händen und Fingern; die geschwächten Muskeln können durch geleitete Aktivitäten gestärkt werden.

4.2 Allgemeine pädagogische Folgen

Wegen der durch die Körperbehinderung bedingten Bewegungsbeeinträchtigung ist die psychomotorische Entwicklung stark behindert. Ein Schwerpunkt der pädagogischen Arbeit muß deshalb auf diesem Gebiet liegen. Dazu gehört die Schulung der Wahrnehmung und der Grob- und Feinmotorik. Die Körperbehinderung führt dazu, daß Körperbehinderte oft schnell ermüden und daß Aktivitäten in kleine Segmente aufgeteilt, gelehrt und kontinuierlich wiederholt werden müssen, damit das körperbehinderte Kind erfolgreich neue Fertigkeiten und Konzepte erwirbt.

Eine andere Form der Körperbehinderung, die gerade auch für die ästhetische Erziehung von Bedeutung ist, kann in der taktilen Nichtsensibilität bestehen. Einige Schüler mögen nur sehr schwache Sinnesempfindungen bei der Berührung eines Stimulus mit ihren Fingerspitzen erhalten. Es ist wichtig, daß der Lehrer von dieser Art der Behinderung weiß, damit den durch diese Behinderung bedingten Beschränkungen des Schülers dadurch entgegengewirkt werden kann, daß der Schüler dahingehend trainiert wird, visuelle Reize aufzunehmen, um taktile Eindrücke zu komplettieren.

Die konstruktivste Vorgehensweise in der Unterrichtung Körperbehinderter ist es, die Fähigkeit des Schülers zur Selbsthilfe und zur physischen Unabhängigkeit auszubilden. Für den Lehrer ist es wichtig, die jeweilige Behinderung eines jeden Schülers zu akzeptieren und seine Energie darauf zu richten, dem Schüler dabei zu helfen, Mittel zu finden, um seine Behinderung auszugleichen.

4.3 Folgen für die ästhetische Erziehung

Bildnerische Aktivitäten für den körperbehinderten Schüler sollten folgende Ziele verfolgen:

- Selbsthilfe und physische Unabhängigkeit
- Entwicklung von Handhabungsfertigkeiten durch Aktivitäten, die Hand/Auge-Koordination erfordern
- Selbstwahrnehmung durch visuelle, taktile und kinästhetische Erfahrungen
- Ausdruck und Mitteilung von Gefühlen, Gedanken und Erfahrungen im visuellen Sinne
- Verständnis und Aufgeschlossenheit für Kunst und die Fähigkeit, Urteile in Sachen Kunst zu bilden
- Kenntnis verschiedener künstlerischer Verfahrensweisen und Materialien und möglichst die Entwicklung von Fertigkeiten in verschiedenen bildnerischen Verfahren
- Stimulation der perzeptorischen Aufmerksamkeit.

Folgende **Lehrmethoden** zur Erstellung eines Kunsterziehungsprogramms werden vorgeschlagen:

- Lege die Betonung auf das Konzept, nicht auf die Technik. Vermittle das Konzept, das Du lehren willst, mit verschiedenen Materialien je nach Art und Ausmaß der Körperbehinderung.
- Schüler mit einer schweren Körperbehinderung können sich oft nicht an Techniken wie Schneiden, Malen, Zeichnen, Drucken usw. beteiligen. Sie mögen sich zwar selbst nicht eigentätig an solchen Praktiken beteiligen können, können aber dennoch die Aktivitäten anderer Schüler beobachten. Beteilige sie an den Ge-

sprächen mit anderen Schülern darüber, was diese tun. Zeige ihnen Reproduktionen der Arbeiten von Künstlern mit derselben Technik oder demselben Konzept und vergleiche diese Künstlerarbeiten mit den Arbeiten der anderen Schüler. Wenn Schüler also nicht physisch an der Arbeit teilnehmen können, dann beteilige sie verbal und/oder visuell.

- Körperbehinderte ermüden leicht. Erhalte ihre Energie dadurch, daß Du unnötige physische Aufgaben vermeidest. Gib den körperbehinderten Schülern keine Arbeiten, bei denen sie ihnen ungewohnte oder unangemessene Arbeiten zu erledigen haben, also z.B. keine Schneidearbeiten mit festem Material (Karton usw.) für Schüler, die Handhabungsschwierigkeiten aufgrund einer Handschwäche haben. Alternative: Gib diesen Schülern vorgeschnittene Stücke, die sie weiterbearbeiten können.
- Oft haben körperbehinderte Schüler eine geringe Aufmerksamkeitsspanne. Sieh deshalb bei der Planung der Unterrichtsstunden kleinere Lerneinheiten vor; mache die Stunden anschaulich durch Kunstwerke, Reproduktionen, Dias usw.
- Setze Material ein, das leichter zu handhaben ist, also z.B. dickere Pinsel, Filzstifte usw. Vermeide Kleinmaterial, das schwer zu fassen und zu verarbeiten ist.
- Für solche Schüler, die keine ausreichende motorische Kontrolle haben, um ihr bildnerisches Werk innerhalb der engen Grenzen eines Blattes Papier festzuhalten, sollten entsprechend größere Unterlagen zur Verfügung gestellt werden.

5. Neurologisch Gestörte

5.1 Definition

Neurologisch gestört ist das Kind, dessen Zentralnervensystem bei einer neurologischen Untersuchung eine bestimmte und definierbare Störung zeigt. Eine derartige neurologische Störung hat in der Regel eine mangelnde Fähigkeit zur Folge, in bezug auf verschiedene sensorielle Modalitäten normale Fortschritte zu machen.

5.2 Allgemeine pädagogische Folgen

Das neurologisch gestörte Kind

- zeigt charakteristischerweise visuell-motorische, audio-motorische und/oder taktil-motorische Störungen;
- kann unbeholfen und ungeschickt erscheinen; hat Schwierigkeiten, mit der Schere zu schneiden, mit einem Stift zu schreiben oder andere Lernfertigkeiten zu vollenden, die Koordination und Handfertigkeit erfordern;
- hat im allgemeinen eine normale oder potentiell normale mentale Fähigkeit;
- kann Verhaltensstörungen aufweisen, die sich in einer oder mehreren der nachstehenden Verhaltenseigenschaften zeigen:
  — hohe Ablenkbarkeit
  — Hyperaktivität
  — Wiederholungsdrang

— geringe fein- und/oder grobmotorische Koordination
— geringe visuelle Koordination
— kurze Aufmerksamkeitsspanne
— zwanghafte Neigungen
— Sprach-, Hör- und Sprechstörungen
— Dissoziation
— emotionale Labilität;
● ist in der Lage, in vielen Routinesituationen normal zu fungieren und trotz seiner Behinderung wertvolle Beiträge zu leisten.

Der neurologisch Gestörte benötigt
● ein besseres Selbstbild
● Fertigkeit zur feinmotorischen Koordination
● Gestalt/Raum-Verhältnis
● Handhabungsfähigkeit für Werkzeug und Material
● Visualisierung, Perzeptualisierung und nachfolgend Konzeptualisierung
● Hand/Auge-Koordination
● Kontrolle und Beherrschung der Umwelt
● Besserung des Selbstkonzepts
● Selbstvertrauen
● Sozialisation.

5.3 Folgen für die ästhetische Erziehung

Die Kunsterziehung muß den spezifischen Bedürfnissen des neurologisch gestörten Kindes angepaßt sein.

● Wenn das Kind frei sein soll von einer Überreaktion auf Stimuli aus der Umwelt, dann muß dieses Bedürfnis erfüllt werden.
● Wenn das Kind frei sein soll von der Sackgasse der ständigen Wiederholung, dann müssen Lehrmaterial und die Lehrprogrammplanung in einer Weise entwickelt werden, daß die Gelegenheit zur Wiederholung möglichst klein gehalten wird.
● Wenn das Kind über eine extrem kurze Aufmerksamkeitsspanne verfügt, müssen Wege entwickelt werden, um die Länge der Aufmerksamkeitsspanne im Sinne von Erfolgserfahrungen zu verlängern.

Folgende **Techniken** werden vorgeschlagen zur Entwicklung angemessener bildnerischer Aktivitäten:

● Nutze alle Sinne zum Lernen.
● Bereite die Unterrichtsstunden so vor, daß jede Aufgabe innerhalb der Stunde in einzelne Teile aufgeteilt werden kann.
● Wenn Du hyperaktive Kinder hast, die buchstäblich nicht sitzenbleiben können, lasse sie eine gewisse Zeit im Stehen arbeiten; siehe allerdings darauf, daß ihr Aktionsradius begrenzt ist, sie also nicht im ganzen Klassenzimmer herumgehen.
● Wenn Du lethargische Kinder hast, die nicht oder nur mit äußerst geringer Geschwindigkeit arbeiten, lasse sie für eine gewisse Zeit im Stehen arbeiten; dies

bedeutet für sie eine gewisse Bewegung und sie werden im allgemeinen zu arbeiten beginnen.

- Bereite die Stunden so vor, daß bestimmte Bedürfnisse erfüllt werden, z.B. Bewußtsein für das Körperbild, motorische Fähigkeiten, Hand/Auge-Koordination usw.
- Zeige mehr, sprich weniger.
- Gehe nur langsam vor, wiederhole, gib den Kindern Möglichkeit zur Bestätigung.
- Beobachte die Kinder und hilf ihnen, wo immer das nötig ist.
- Gib den Kindern viele Möglichkeiten zu taktilen und dreidimensionalen Erfahrungen.
- Betone die bildnerischen Elemente und Prinzipien.

6. Wahrnehmungsbehinderte

Wahrnehmungsbehindert ist ein Kind, das Lernunfähigkeiten in einem oder mehreren der folgenden Bereiche zeigt: Zuhören, Denken, Sprechen, Lesen, Schreiben, Rechnen, wobei diese Unfähigkeit eine Wahrnehmungsursache haben muß und nicht in erster Linie begründet ist in sensoriellen Störungen, motorischen Behinderungen, mentalen Retardationen oder emotionalen oder in der Umwelt begründeten Störungen.

Diese Kinder haben visuelle Wahrnehmungsschwierigkeiten, einschließlich visueller Agnosie (Störung in der Identifikation, Organisation oder Interpretation visueller Stimuli) und/oder auditorischer Wahrnehmungsschwierigkeiten, einschließlich einer auditorischen Agnosie (Störung in der Identifikation oder Interpretation auditorischer Stimuli). Aufgrund dieser audio- oder visuellen Wahrnehmungsschwierigkeiten bestehen Probleme auf dem Lern- und kognitiven Feld. Dies kann zu einem Zusammenbruch der „Selbstkommunikationen" führen, was wiederum eine Unfähigkeit zur Folge haben kann, Information zu selektieren, assimilieren und zu koordinieren sowie diese Lernprozesse bewußt umzusetzen. Die Wahrnehmungsschwierigkeiten gleichen denen neurologisch gestörter Kinder, so daß hinsichtlich der allgemeinen pädagogischen Folgen und der Empfehlungen für die ästhetische Erziehung auf die dortigen Ausführungen verwiesen werden kann (siehe vorstehende Ziff. 5).

7. Verhaltensauffällige

7.1 Definition

Unter Verhaltensauffälligkeiten ist ein von der Erwartungsnorm abweichendes Fehlverhalten zu verstehen, das organogen und/oder milieureaktiv bedingt ist sowie die Entwicklungs-, Lern- und Arbeitsfähigkeit und das Interaktionsgeschehen in der Umwelt beeinträchtigt. Die Symptome, die unter dem Begriff der Verhaltensauffälligkeit subsumiert werden, sind sehr vielfältig. Es läßt sich ein umfänglicher Katalog erstellen, der von Autismus über Hyperaggressivität, Konzentrationsschwäche, Schulphobie bis zu Vagabundieren und Zwanghaftigkeit reicht. Verhaltensstörungen können im sozialen und emotionalen Bereich, im schulischen Leistungsbereich, dem Erziehungs- oder Körperbereich liegen. Zumeist zeigen verhaltensgestörte Kinder in mehreren, oft sogar in allen Bereichen Auffälligkeiten. Im sozialen Bereich etwa sind zu nennen: Heftige Aggressionen, egoistisches Agieren, rücksichtsloses Durchsetzen. Von den Auffälligkeiten im emotionalen Bereich sind zu nennen: Übermäßige Ängstlichkeit, Bindungsschwäche, Depressivität, Stimmungslabilität. Verhaltensauffälligkeiten im Schulleistungsbereich zeigen sich in geringen Schulleistungen (trotz durchschnittlicher oder überdurchschnittlicher Intelligenz), Konzentrationsschwäche, Rechenstörungen, Leseversagen. Im Körperbereich zeigen sich die Verhaltensauffälligkeiten in Funktionsstörungen, wie Einkoten, Einnässen, Kopf- und Magenschmerzen, Schlafstörungen, vegetativer Übererregbarkeit.

7.2 Allgemeine pädagogische Folgen

Folgende Verhaltensmuster und Leistungseigenschaften sind anzustreben:

- Verwirklichung des eigenen Ich.
- Die Schüler sollen Frieden mit sich selber schließen.
- Die Schüler sollen in der Lage sein, ihre Fehlverhaltensweisen zu kompensieren.
- Die Schüler sollen durch spezielle pädagogische Programme für pädagogische Projekte befähigt werden.
- Die Schüler sollen lernen, auf einwirkende Störreize adäquat zu reagieren.
- Die Schüler sollen neue tragfähige soziale Beziehungen zu Gruppenmitgliedern und der Umwelt aufnehmen können.
- Die schulische Leistungsfähigkeit soll gesteigert werden und sich im Lernrhythmus und -tempo und im Schulverhalten den allgemeinen Standards angleichen.

7.3 Folgen für die ästhetische Erziehung

Bildnerische Aktivitäten für Verhaltensauffällige sollten der Erreichung folgender Ziele dienen:

- Korrektur und Kompensation von Verhaltensstörungen
- emotionaler Ausdruck in einer konkreten Form
- konstruktives Ventil zur Erlösung von Spannungen und zum Ausdruck von Gefühlen
- Stärkung des Selbstwertgefühls und des Selbstvertrauens
- Vermittlung des Gefühls, durch Ausstellung eigener bildnerischer Arbeiten und sonstige Beteiligung über bildnerische Aktivitäten zur schulischen Umwelt zu gehören
- über gemeinsame bildnerische Aktivitäten Entwicklung sozialer Anpassung, sozialer Verhaltensweisen und Kooperation mit Gruppenmitgliedern und Autoritäten (Lehrern)
- Steigerung perzeptorischer und expressiver Fähigkeiten
- Entwicklung feinmotorischer Fertigkeiten, von Lernverhalten, Einsatz von Bemühen um bildnerisches Material und bildnerischer Verfahren

- Entwicklung des Respekts für die Rechte und das Eigentum anderer durch den Umgang mit bildnerischem Material
- Möglichkeit zum Experiment und zur Erprobung.

Folgende Lehrmethoden und Vorgehensweisen sind hilfreich:

- Akzeptiere die Bemühungen der Schüler, mit neuem Material zu arbeiten.
- Vermeide, Druck auf die Schüler auszuüben.
- Verlange keine bestimmten Interpretationen ihrer bildnerischen Werke, akzeptiere die angebotene Interpretation.
- Stelle ihre Arbeiten aus.
- Siehe darauf, daß Material unter den Schülern geteilt wird, führe sie zunehmend zu diesem sozialen Verhalten.
- Bemiß die Dauer einer Arbeitseinheit nicht nach Deinen Vorstellungen über eine angemessene Zeit, sondern nach den Möglichkeiten und Bedürfnissen des einzelnen Schülers.
- Lobe eine gute Arbeit. Eine unzureichende Arbeit (also eine Arbeit, bei der der einzelne Schüler hinter **seinen** Möglichkeiten geblieben ist) sollte nicht gelobt werden, der Schüler allerdings auch nicht in irgendeiner Weise „bestraft" werden, und sei es nur durch Entzug von Aufmerksamkeit.
- Stelle möglichst vielfältige Materialien und Werkzeuge zur Verfügung, beides in ausreichender Menge (das Fehlen von Material und Handwerkszeug kann zu erheblichen Störungen und zum Mißlingen der Unterrichtsstunde, aber auch weiterwirkend zu einem Rückschlag der bisherigen Bemühungen führen).
- Ermutige und lobe vor allem solche Schüler, die ängstlich sind.

8. Gehörlose und Schwerhörige

8.1 Definition

Als **gehörlos** werden in der Regel Menschen bezeichnet, die infolge einer gravierenden Hörschädigung nicht in der Lage sind, Sprache auf natürlichem Wege, d.h. über das Gehör zu erlernen. Gehörlose sind also taub; sie sind nicht imstande, akustische Ereignisse wahrzunehmen. Gehörlose sind zugleich stumm: Sie können die Sprache der Hörenden nicht von sich aus erlernen, sie sind nicht imstande, sprachliche Kommunikation zu entfalten.

Als **schwerhörig** gelten solche Menschen, die Umgangssprache im normalen, vom Störschall durchsetzten akustischen Umfeld nicht mehr hinreichend über das Ohr aufnehmen können, um in Gesprächs- und Unterrichtssituationen gesprochene Texte zu verstehen, ohne aber gehörlos zu sein.

8.2 Allgemeine pädagogische Folgen

Ziel der Unterrichtsarbeit mit Gehörlosen und Schwerhörigen ist, den durch die Behinderung (und evtl. durch weitere Schädigungen) entstehenden Lern- und Leistungsbeeinträchtigungen sowie den Störungen der sozialen Eingliederung entgegenzuwirken.

Als **Lernziele** sind zu nennen:

- Abbau von psychischen Blockierungen und Aufbau einer lernmotorischen Haltung
- Förderung und Erhaltung der Kommunikationsbereitschaft
- Beseitigung von Verhaltensformen kompensatorischer Fehlangepaßtheit
- Entwicklung einer lebensbejahenden Einstellung und sozial relevanter Verhaltensmuster
- Training des Gesichts- und Tastsinnes (bei Schwerhörigen auch des Hörsinnes) sowie der motorischen Funktionen
- Förderung in der auditiven Wahrnehmung der Sprache (bei Schwerhörigen)
- Förderung des Absehens vom Mund
- Förderung der Lautbildung
- Förderung der Intelligenz durch Überwindung des sprachbedingten Erfahrungsmangels und der Schwierigkeiten beim beziehlichen Erfassen der Lebenswirklichkeit
- Förderung der kognitiven Fähigkeiten und des einsichtsvollen Verhaltens durch Übung der Beobachtungs-, Kombinations- und Gedächtnisfähigkeit.

Gehörlose und schwerhörige Kinder lesen nicht nur von den Lippen sondern vom ganzen Gesicht ab; sie bemerken auch kleinste Veränderungen daran. Der Lehrer sollte deshalb

- mit normaler Lautstärke reden
- nicht zu schnell sprechen
- deutlich, aber nicht übertrieben sprechen (was sich vor allem auf die Mundbewegungen bezieht)
- kurze Worte und Sätze gebrauchen und komplizierte Satzkonstruktionen vermeiden.

Hinsichtlich der **räumlichen Anordnung** ist auf folgendes zu achten:

- Auf das Gesicht des Lehrers sollte Licht fallen.
- Der Lehrer sollte nicht vor dem Fenster oder einer starken Lichtquelle stehen.
- Das Gesicht des Lehrers sollte sich in einer für die Kinder angemessenen Höhe befinden, also auf derselben Ebene wie ihre Augen.
- Gehörlose Kinder sollten vorne sitzen bzw. in der Nähe des Lehrers.
- Der Lehrer darf niemals abgewendet (etwa zur Tafel zugewendet) sprechen.
- Es ist immer darauf zu achten, daß alle Kinder auf den Lehrer sehen, bevor er zu sprechen beginnt.

8.3 Folgen für die ästhetische Erziehung

Kunstunterricht für Gehörlose und Schwerhörige unterscheidet sich in technischer Hinsicht nicht vom Kunstunterricht für Nichtgehörbehinderte; Gehörlose und Schwerhörige verfügen über die gleichen Fertigkeiten, motorische Kontrolle, Phantasie und kreative Erfahrungen wie Nichtgehörbehinderte. Im Hinblick auf Verständnisschwierigkeiten ist es ratsam, bei produktorientierten Prozessen zu Beginn der Unterrichtsstunde ein fertiges Produkt zu zeigen. Dies hilft den Kindern, sich von den verschiedenen zur Vollendung notwendigen Verfahren ein Bild zu machen und diese zu verstehen. Demonstriere jedes Verfahren Schritt für Schritt, langsam und übersichtlich. Verlasse Dich nicht darauf, daß die Kinder zu viel auf einmal erfassen und sich bei dem Prozeß an einzelne Schritte erinnern. Denke auch daran, daß gehörlose und schwerhörige Kinder leichter ermüden als andere Kinder. Widme Dich jedem einzelnen Kind individuell.

9. Sprachbehinderte

9.1 Definition

Unter dem Begriff der Sprachbehinderung werden hier sowohl Sprachstörungen als auch Sprachbehinderungen verstanden. Die **Sprachstörung** beinhaltet totales und partielles Unvermögen, die Muttersprache laut- und/oder schriftsprachlich normgebunden zu verwenden. Dadurch sind Erkenntnisvermögen, Kommunikation und Sozialisation mehr oder minder beeinträchtigt. Der **sprachbehinderte** Schüler ist vorübergehend oder dauernd in unterschiedlichem Maße sprachgestört.

Zu den Sprachstörungen zählen:

Zentrale Entwicklungshemmungen der Sprache

- Verzögerte Sprachentwicklung (Ausbleiben oder Behinderung der altersgemäßen Sprachentwicklung)
- Hörstummheit
- Angeborene Worttaubheit (fehlerhafte Verarbeitung akustischer Sinneseindrücke)
- Stammeln (auffällige Abweichungen von den Normen der Artikulation)
- Schnarren (Stammeln der R-Laute)
- Lispeln (Stammeln der Zisch-Laute)
- Störungen der Grammatik und der Syntax
- Sprachschwäche (angeborene sprachliche Minderbegabung mit Syndromcharakter)
- Poltern (Formulierungsschwäche mit überhasteter oder verwirrter Redeweise)
- Lese-Rechtschreibschwäche (spezielle, aus dem Rahmen des Üblichen fallende Schwäche im Erlernen des Lesens und der Rechtschreibung).

Sprachstörungen infolge von Gehörleiden
- Taubstummensprache
- Schwerhörigensprache
- Sprache der Spätertaubten.

Pathologie der Sprechorgane
- Störungen der Sprache infolge von organischen Veränderungen an den peripheren Sprechwerkzeugen (Lippen, Zähne, Zunge, Gaumen, Nase), Gaumenspalte.

Störungen der Sprache bei Gehirnerkrankungen

- Sprache der Schwachsinnigen
- Zentrale Störungen der Sprachfunktion (teilweiser Verlust der bereits ausgebildeten Sprache)
- Zentral-nervöse Störungen der Aussprache (Erschwerung oder Verhinderung der Koordination von Atmung, Stimmgebung und Artikulation).

Psychoneurotische Störungen der Rede:

- Erwartungsneurotische Störungen der Rede (Hemmungen der mitteilenden Rede durch Sprechfurcht)
- Freiwilliges Schweigen
- Freiwilliges Flüstern.

Psychopathologische Kommunikationsstörungen:

- Psychogene Stummheit (Verlust jeder phonischen Sprechleistung)
- Psychogene Taubheit und Stummheit (hysterische Ertaubung mit Einstellung jeder Sprechleistung)
- Hysterische Aphasie
- Hysterisches Stottern.

Psychotische Störungen der Sprache:

- Verwirrter und sinnentstellter Ausdruck von Gedanken durch Sprache und Schrift infolge gewisser Geisteserkrankungen.

9.2 Allgemeine pädagogische Folgen

Der Unterricht muß sich auf die spezifischen Schwächen der Sprachbehinderten einstellen:

- Sensorische Schwäche
  - Leichte Hörstörungen
  - Phonematische Merk- und Differenzierungsschwäche
  - Visuelle Perzeptionsschwäche
  - Kinästhetische Schwäche im Artikulationsbereich
- Motorische Schwäche
  - Retardierte Grob- und Feinmotorik
  - Motorische Debilität
  - Rhythmisch-motorische Schwäche
- Störungen der Lateralität
  - Häufigere Links- und Beidhändigkeit
- Störungen der Konzentrationsfähigkeit
- Störungen der Merkfähigkeit
- Störungen unter Leistungsdruck
- Störungen bei Umstellungsanforderungen
- Geringere Lese- und Rechtschreibleistungen.

9.3 Folgen für die ästhetische Erziehung

Die ästhetische Erziehung hat zum Ziel, die Nachteile der Sprachbehinderung zu mildern, etwa in Gestalt der

- visuellen Perzeptionsschwäche
- retardierten Grob- und Feinmotorik

Das Kunsterziehungsprogramm für sprachbehinderte Kinder sollte sich vor allem mit dem Puppenspiel, den bildnerischen Elementen und Prinzipien (Farbverhältnisse, Strukturen, Formkonzepte) befassen und sollte dem Schüler viele Möglichkeiten zur Verbalisierung geben. Der Lehrer sollte vielfältigen Fragen stellen (wer? was? warum? wo? usw.).

10. Behinderte im Vorschulalter

10.1 Definition

Darunter sind Kinder im Vorschulalter zu verstehen, die einen signifikanten Entwicklungsmangel auf einem oder mehreren der nachfolgenden Gebiete aufweisen: Sprache, Intellekt, motorische und soziale Fertigkeiten und Fähigkeiten. Diese Kinder weisen eine oder mehrere der folgenden Merkmale auf:

- kurze Aufmerksamkeitsspanne
- unzulängliche grobmotorische Fertigkeiten
- geringe feinmotorische Kontrolle
- nichttrainierte auditorische Fähigkeiten
- geringe sprachliche Fertigkeiten.

10.2 Allgemeine pädagogische Folgen

Die Erziehung hat sich vor allem auf die Verbesserung folgender Fähigkeiten und Fertigkeiten zu konzentrieren:

- Hand/Auge-Koordination
- Farb- und Formerkennung
- Lernen von einfachen bildnerischen Verfahren
- grob- und feinmotorische Kontrolle
- visuelles Gedächtnis
- Umwelt- und Raumbeachtung
- Erkennen und Gebrauchen von einfachen Materialien und Werkzeug
- Beachten von Strukturen.

10.3 Folgen für die ästhetische Erziehung

Ein Vorschul-Kunsterziehungsprogramm muß zusätzlich zu den vorstehend aufgeführten Punkten das Schwergewicht vor allem auf folgende Bereiche legen:

- Grundformen
- Farben
- motorische Fertigkeiten
- Handhabung von Werkzeugen und Materialien
- Bewußtsein für Umwelt und Raum.

Beim Unterricht muß der Lehrer auf einfache und klare Erklärungen und Anleitungen achten, sowie darauf, daß sensorielle, taktile Erfahrungen möglichst zahlreich ermöglicht werden.

3. Programmierung und Durchführung des Kunstunterrichts für Behinderte

Kunstunterricht für Behinderte bedarf einer besonderen Sorgfalt und Überlegung bei der Programmierung und Durchführung. Diesen Fragen widmet sich das folgende Kapitel.

1. Allgemeine Ziele

Die Ziele der ästhetischen Erziehung allgemein gelten generell auch für die ästhetische Erziehung behinderter Kinder. Gewarnt werden muß vor einer Einstellung, für die ästhetische Erziehung Behinderter Kunsttherapie ist, selbst dann wenn sie in Wirklichkeit nichts anderes als eben ästhetische Erziehung ist. Was sich (vor allem von kunstpädagogischer Seite) in bezug auf Behinderte als Kunsttherapie ausgibt oder angeblich therapeutische Aspekte verfolgt, hat in der Regel mit Kunsttherapie nichts zu tun. Kunsttherapie und Kunstpädagogik sind deutlich voneinander zu unterscheiden.

In bezug auf behinderte Kinder sind vor allem die kognitiven, affektiven und psychomotorischen Bereiche der ästhetischen Erziehung von Bedeutung.

1.1 Kognitiver Bereich

Der kognitive Bereich bezieht sich auf die Kenntnis und die Entwicklung intellektueller Fähigkeiten. Hierzu gehören:

- Aktiver Einsatz des Intellekts des behinderten Schülers durch
  — Ermutigung zur Auswahl
  — Ausführung persönlicher Ideen
  — Lernen von Techniken
  — Sammeln bestimmter Fakten (Material, Prozeß)
  — Entwicklung von Verfahren
  — Bewertung
  — Einsatz einer Vielzahl von Ressourcen
- Ermutigung zu kreativen Reaktionen des Schülers durch
  — Problemlösung
  — Untersuchung
  — Ausarbeiten von Ideen
  — Gelegenheit zur Spontaneität
  — Treffen von Entscheidungen.

1.2 Affektiver Bereich

Der affektive Bereich betrifft Ziele, die sich mit den Interessen, Vorlieben, persönlichen Einstellungen, Emotionen und Präferenzen befassen. Hierzu gehören:

34

- Einbeziehung der Emotionen des Schülers durch
  — Verwirklichung konkreter Erfahrungen
  — Nutzung persönlicher Erfahrungen
  — Projektion von Körperbildern
  — persönliche Mitteilungen
  — Entwicklung des Selbst-Bildes (eigene Ideen, Beiträge und Aktivitäten)
  — Erwerb von Selbstachtung
  — Einschätzung der eigenen Person
- Bereicherung der ästhetischen Reaktionen des Schülers durch
  — Aufgeschlossenheit für Natur und Umwelt
  — Ausdruck innerer Erfahrungen
  — verbale Wiedergabe ästhetischer Erfahrungen
  — Erfahrungen mit einer Vielzahl visueller und taktiler Materialien
  — Beteiligung an kinästhetischen bildnerischen Aktivitäten.

1.3 Psychomotorischer Bereich

Der psychomotorische Bereich bezieht sich auf motorische und Handhabungsfertigkeiten. Darunter ist zu verstehen die Entwicklung der physischen Fertigkeiten des
Schülers durch:

- umfassende Beschäftigung mit einer Vielzahl von Materialien
- geläufige Benutzung von Werkzeugen
- Handhabung von Werkzeugen und Materialien.

Bei der Planung eines sinnvollen Kunsterziehungsprogramms für Behinderte müssen alle diese Bereiche beachtet werden. In den nachfolgenden Kapiteln werden diese Bereiche in der Programmierung der Aufgaben berücksichtigt. Dabei hat Kapitel
5 hauptsächlich die kognitiven und motorischen Bereiche im Auge, während Kapitel
4 zusätzlich durch den affektiven Bereich berücksichtigt.

2. Planung eines Kunsterziehungsprogramms für Behinderte

Sicherlich kann es keine abrufbaren Programme für die ästhetische Erziehung behinderter Kinder geben. Die nachstehenden Überlegungen können nur gewisse Erkenntnisse und Vorschläge für die Programmplanung vermitteln. Im übrigen aber
liegt es an Ihnen, dem Lehrer, Erzieher, Eltern usw., die speziellen Behinderungen
und Bedürfnisse des behinderten Kindes einzuschätzen und ein diesen spezifischen
Bedürfnissen angemessenes Kunsterziehungsprogramm zusammenzustellen. Die
dabei im wesentlichen zu verfolgenden Schritte ergeben sich aus der Graphik auf der
folgenden Seite.

2.1 Wen unterrichte ich? Wo sind wir jetzt?

Ausgang und Ziel ist das behinderte Kind. Zunächst einmal ist nach der Art der Behinderung bzw. — denn eine Behinderung tritt selten allein auf — nach den Behinde-

rungen zu fragen — eine Beurteilung, die in der Regel zu kompliziert ist, als daß sie durch den Kunsterzieher oder Klassenlehrer allein vorgenommen werden kann. Auch wenn — wie in der Sonderschule — die Beurteilung durch andere Experten vorgenommen worden ist, tut der Kunsterzieher gut daran, auszumachen, welche sonstigen Behinderungen neben der Hauptbehinderung gegeben sind. Außerhalb von Sonderschulen für die jeweiligen Behinderungen kommt es für den Kunsterzieher darauf an, auch mindere Formen von Behinderungen von Schülern, die allgemeine Schulen besuchen, zu erkennen und diese Behinderungen bei der Planung seines Kunstunterrichts bzw. bei der Anpassung der Aufgaben an die spezifischen Bedürfnisse und Behinderungen sowie die bildnerischen Fähigkeiten des einzelnen Schülers zu berücksichtigen. Wichtig sind eine individuelle Einschätzung und Anpassung, selbst wenn in einer Klasse annähernd gleiche Bedürfnisse und Fähigkeiten gegeben sein sollten. Es ist zweckmäßig, das Profil der Behinderungen, Bedürfnisse und Fähigkeiten festzuhalten. Ein Beispiel für einen derartigen Erfassungsbogen findet sich auf der nächsten Seite.

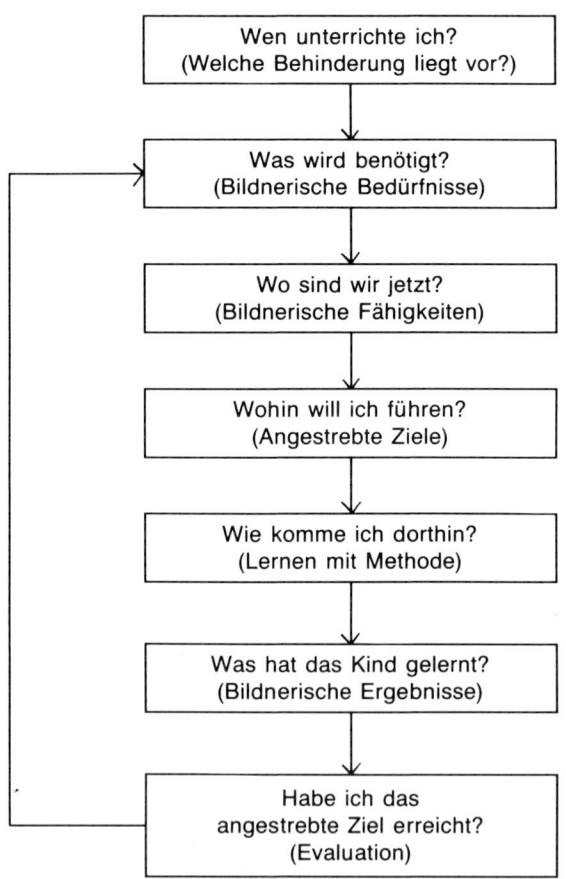

Vereinfachtes Schaubild eines Kunsterziehungsprogramms für Behinderte

36

Erfassungs- und Bewertungsbogen

Schüler _____ Datum _____

Kriterien	Verbesserung notwendig	Zeigt Verbesserung	Gleich geblieben	Sonstige Bemerkungen
Motorische Fähigkeiten				
Hand/Auge-Koordination				
Hand- und Fingerfertigkeit				
Handhabung von Werkzeu-gen und Material				
Grobmotorische Entwicklung				
Feinmotorische Entwicklung				
Wahrnehmung/Konzepte				
Visuelles Gedächtnis				
Selbst-Bewußtsein				
Umwelt-Bewußtsein				
Ganzheitliches Erfassen				
Raumbeziehung				
Zeit/Zeitenfolge				
Wahrnehmung von Raumtiefe				
Farbunterscheidung				
Formunterscheidung				
Mengenunterscheidung				
Richtungserkennen				
Problemlösung				
Arbeitseinstellung				
Befolgen von Anweisungen				
Aufmerksamkeitsspanne				
Aufgabenorganisation				
Selbständiges Arbeiten				
Gruppenarbeitsbeteiligung				
Vorbereitung und Aufräumen				
Pflege von Werkzeugen und Materialien				
Selbstverwirklichung				
Emotionen				
Geduld				
Sicherheit				
Gebrauchen des Intellekts				
Kreative Reaktion				
Problemlösung				
Interpersonale und Gruppenbeziehungen				
Hyperaktivität				
Zurückgezogensein				
Arbeitsintensität				
Selbstausdruck				

2.2 Wohin will ich das behinderte Kind im Kunstunterricht führen? Wie komme ich dorthin?

Der Lehrer beginnt sein Programm auf dem jeweiligen Stand der Bedürfnisse und Fähigkeiten des Schülers. Von hier aus bestimmt der Lehrer, wo er beginnen muß, und formuliert die Anfangsziele, um die notwendigen Entwicklungen (wie etwa feinmotorische Fertigkeiten, Perzeption, Konzeption, Selbstverwirklichung usw.) zu erreichen. Sodann werden die bildnerischen Aktivitäten ausgewählt, um Defizite zu mindern und Bedürfnissen zu entsprechen. Als Hilfsmittel zur Auswahl angemessener bildnerischer Aktivitäten für die entsprechenden Entwicklungsbedürfnisse sei auf die Übersicht auf Seite 48 verwiesen. Bei der Auswahl sollten berücksichtigt werden: die Interessen und Präferenzen des Schülers, Umweltbewußtsein sowie die spezifischen Fähigkeiten und Bedürfnisse des Schülers.

Nach der Auswahl der angemessen bildnerischen Aktivitäten sind im Hinblick auf die praktische Umsetzung folgende Faktoren zu berücksichtigen: Methoden, Werkzeuge, Vorgehensweisen, benötigte Zeit zur Entwicklung der bildnerischen Fertigkeiten und Konzepte, Grad der zu erzielenden Fertigkeit. Der Erfolg des Kunsterziehungsprogramms hängt ganz entscheidend von der notwendigen Anpassung der Aktivitäten an die besonderen Voraussetzungen und Bedürfnisse der Schüler sowie von der Flexibilität des Lehrers ab.

2.3 Evaluation: Was haben die Kinder gelernt? Habe ich das angestrebte Ziel erreicht?

Zur Evaluation des eigenen Programms und zur eventuellen Anpassung ist eine laufende Überprüfung der jeweiligen Entwicklung des Schülers erforderlich. Auch hierzu empfiehlt es sich, anhand des Erfassungsbogens auf S. 37 die notwendigen Daten zu ermitteln und diese mit den früheren zu vergleichen. Durch diese laufende Kontrolle werden ein ungezieltes Vorsichhinarbeiten weitgehend vermieden und eine kritische Kontrolle der eigenen Arbeit des Lehrers ermöglicht.

Allerdings ist zu beachten, daß die Fortentwicklung des Schülers keineswegs kontinuierlich ist, sofern sie überhaupt festgestellt werden kann. Manchmal zeigen sich bei einem Kind auch Rückschritte oder es zeigen sich keine Veränderungen oder sehr geringe auf einem Gebiet, während auf anderen Gebieten sich kein signifikanter Fortschritt zeigt. Die Gründe für diese verschiedenen Folgen, positiver oder negativer oder gleichbleibender Art, können auf Faktoren zurückzuführen sein, die mit dem Kunsterziehungsprogramm nichts zu tun haben, wie medizinische Behandlung, Druck seitens der häuslichen Umwelt, unglückliche häusliche Umgebung, Krankheit, Pubertätsprobleme usw. Der mangelnde Fortschritt kann jedoch auch in Mängeln des Kunsterziehungsprogramms begründet sein, wie einer unzureichenden Stimulation, in zu abstrakten Konzepten, zu schwierigen Aufgaben, zu langen Zeitperioden usw.

Aufgrund der sich wiederholenden Evaluationen können für die Zukunft die Ziele neu bestimmt und präzisiert und neue bildnerische Aufgaben ausgewählt werden. Hierbei sind zusätzliche Informationen von anderen Lehrern, Psychologen, Ärzten, Beratern, Eltern usw. zu berücksichtigen. Im übrigen bedeutet eine Evaluation der Wirkungen des Kunsterziehungsprogramms auf den behinderten Schüler zugleich eine Evaluation der Effektivität des Kunsterziehungsprogramms selbst und zeigt auf, wo dieses zu ändern, durch neue Konzepte zu ergänzen und zu wiederholen ist.

3. Probleme der praktischen Anwendung

Bei den verschiedenen Behinderungen können sich in bezug auf die technische Umsetzung Probleme ergeben, die aber in der Regel durch entsprechende Anpassungen überwunden werden können.

3.1 Malen

● Beim Malen sollte zunächst die Palette auf 1 bis 3 Farben beschränkt werden; mehrere Farben können am Anfang die Schüler verwirren. Mit zunehmender Erfahrung können sodann weitere Farben hinzugefügt werden, bis schließlich die gesamte Palette vollständig ist. Zweckmäßig ist zunächst auch, für jede Farbe einen Pinsel zur Verfügung zu stellen.

● Beim Malenlernen verstehen kleine geistigbehinderte Kinder nicht immer den Malvorgang. Es empfiehlt sich deshalb, den Vorgang des Eintauchens des Pinsels in die Farbe, das Auftragen der Farbe mit dem Pinsel auf das Papier, das Bestreichen der Papierfläche mit dem Pinsel zu verschiedenen Zeiten zu wiederholen; einigen behinderten Kindern muß vielleicht auch der Pinsel gehalten und geführt werden.

● Um das Tropfen von Deckfarbe zu vermeiden, sollte Farbe von einer dicken Konsistenz verwendet werden. Bei blinden Kindern erweist es sich als zweckmäßig, die Farbe mit Seifenpulver anzudicken. Nach dem Trocknen weist die Farbe dann eine Struktur auf, die von den blinden Kindern gefühlt werden kann. Ein ähnlicher Effekt wird mit Acrylfarben erzielt.

● Manche Kinder lehnen Fingerfarben ab, weil sie sich kalt und schlüpfrig anfühlen. Rasierschaum oder Stärke, jeweils mit Farbe angemacht, können hier einen Ersatz bilden.

3.2 Farbauftrag und Malflächen

● Pinsel mit einem langen Griff sind einfacher zu handhaben.

● Für behinderte Kinder, die Probleme haben, Pinsel festzuhalten, sollten die Griffe mit Stoff umwickelt werden, um so die Griff-Fläche zu vergrößern.

● Als Pinselersatz können Deodorantroller und Q-Tips verwendet werden. Farbe kann auch in Plastikflaschen (wie sie etwa für Kosmetika verwendet werden; wichtig ist ein kleines Loch) gefüllt und von dort auf das Papier gequetscht werden.

- Für Kinder mit grobmotorischen Problemen oder körperbehinderte Kinder, die Raum brauchen, um mit verkürzten Armen zu malen, sind große Papierformate (ab DIN A 3) nötig.
- Bei ängstlichen Schülern, die sich durch ein großes Stück Papier bedroht fühlen und selten ein Bild ganz ausfüllen, sollten kleine Papierformate verwendet werden. Wenn durch das Auffüllen des kleinen Papierstücks das Selbstvertrauen gestärkt ist, kann zu zunehmend größeren Papierformaten übergegangen werden.

3.3 Schwierigkeiten bei der Handhabung von Scheren

- Halte und drehe das Papier für den Schüler, hilf ihm mit der Richtung, in die er schneiden will oder soll.
- Dicke schwarze oder rote Linien sind für den Schüler leichter zu erkennen und zu schneiden.
- Der Schüler kann die Schere leichter handhaben, wenn das Papier vertikal gehalten wird und dann von unten nach oben geschnitten wird.
- Bei sehr kleinen Kindern empfiehlt es sich, Papier reißen statt schneiden zu lassen.

3.4 Anregungen fürs Kleben

- Kleine Kinder, die versuchen, Kleber mit Fingerspitzen aufzutragen, beschmieren sich oft die ganzen Hände. Dagegen kann es helfen, über die Hand eine Socke zu ziehen, in diese ein kleines Loch zu schneiden, durch das nur der Zeigefinger paßt, mit dem dann Kleber aufgetragen wird.
- Um zu vermeiden, daß Kleber unkontrolliert aufgetragen wird, empfiehlt es sich bei manchen (vor allem geistig) behinderten Kindern, die entsprechende Stelle mit einer dicken Linie zu markieren.

3.5 Sonstige Anregungen

- Für Schüler, deren Hand- und Fingerbewegungen entwickelt werden müssen, empfehlen sich das Arbeiten mit Ton und Plastillin, das Reißen von Papier sowie Sticken.
- Schüler mit visueller Agnosie (gehirnbedingte Sehstörungen), die Objekte nicht durch Sehen wahrnehmen können, sollten angeleitet werden, andere sensorielle Möglichkeiten zu nutzen.
- Ergeben sich bei Schülern, die — etwa aufgrund von Lähmungserscheinungen — Schwierigkeiten haben, Hand und/oder Finger zu bewegen, Verkrampfungen, so versuche, diesen durch Massieren der betroffenen Gliedmaßen zu begegnen.
- Für manche Kinder kann das Strahlen eines weißen Blattes Papier störend wirken, was sich in Augenblinzeln oder -reiben zeigen kann, aber auch in einem Abwenden von diesem Papier. Es empfiehlt sich dann, Umweltpapier zu benutzen.
- Behinderte Kinder, die nicht genug Druck ausüben können, um mit normalem Zeichenwerkzeug zu arbeiten, sollten Filzstifte verwenden.

- Kinder, die zu Überreinlichkeit erzogen worden sind oder sonst Ängste zeigen, scheuen sich oft davor, Malmaterialien (vor allem Fingerfarben) zu verwenden, die für sie unsauber oder „schmutzig" sind. Versuche, ihnen die Scheu davor zu nehmen, indem Du sie zunächst mit „sauberem" Material arbeiten läßt und dann schrittweise zu den „schmutzigen" Materialien führst.
- Behinderte, vor allem körperbehinderte Kinder benötigen mehr Zeit für ihre Arbeiten. Allerdings sollte bei der Verlängerung von Arbeitszeiten behutsam vorgegangen werden, damit keine Ermüdung hierdurch eintritt.
- Sei flexibel und denke an Alternativaufgaben, wenn sich herausstellen sollte, daß — aus welchen Gründen auch immer — die Kinder auf das beabsichtigte Projekt nicht angemessen reagieren.
- Bei manchen behinderten Kindern kann es sinnvoll sein, die Hand zu führen, bis eine gewisse Fertigkeit erreicht ist, damit das Kind dann alleine weitermachen kann.
- Wenn eine Fertigkeit eingeübt werden soll, konzentriere Dich darauf und achte nicht auf die „Schönheit" der Produkte.
- Wenn ein Schüler in die Luft starrt oder sonst seine Umwelt unbeachtet läßt, unterbreche ihn nicht abrupt hierbei (er benötigt vielleicht dieses Abschalten); versuche, ihn sanft in die Realität zurückzuholen, indem Du ihm ein schönes Objekt zeigst und dadurch langsam mit ihm in Kommunikation trittst und schrittweise zur bildnerischen Arbeit bringst.
- Gemeinschaftsarbeit, auch das gemeinsame Entwickeln von Ideen, ist wichtig zur Entwicklung interpersonaler Beziehungen und der Sozialisation.
- Bei Kindern, die links und rechts verwechseln, male einen Farbpunkt auf ihre linke Hand und einen Punkt mit der gleichen Farbe auf die linke Seite des Projekts, an dem gearbeitet wird.

4. Kommunikation und Bestärkung

Für das Wachstum des behinderten Kindes ist eine enge Kommunikation mit dem Lehrer besonders wichtig. Vor allem benötigt das Kind immer wieder eine Bestärkung seiner selbst und seiner Arbeiten durch den Lehrer. Dabei muß (und darf) diese Zuwendung nicht allein über die Arbeit erfolgen. Auch kleine Dinge, etwa die Kleidung und das Aussehen, sollten berücksichtigt und als Gegenstand von Zuwendung benutzt werden („Dein T-Shirt gefällt mir. Die Punkte darauf sind sehr schön.") Ein Lächeln kann diesen Kindern bedeuten, daß sie als Personen angenommen sind und der Lehrer sich freut, mit ihnen zu arbeiten. Behinderte Kinder reagieren auch ganz besonders auf Körperkontakte: Auflegen der Hand auf die Schulter, Berühren des Armes usw. In seiner Körpersprache sollte der Lehrer auch selbst Offenheit demonstrieren. Überhaupt kann die nonverbale Kommunikation sich als wirkungsvoller erweisen als eine verbale.

Dennoch: Die verbale Kommunikation kann nicht ersetzt werden. Lob sollte öffentlich sein, Kritik individuell. Insgesamt gilt, daß eine Kommunikation zwischen Lehrer und Schüler individuell sein sollte. Dabei wird hier eine Methode empfohlen, die ich aufgrund der in ihr enthaltenen Schritte als die „**Ich-Es-Du-Methode**" bezeichne: Vom **Ich** (des Lehrers) wird über das **Es** (des bildnerischen Prozesses) zum **Du** (des Schülers) geführt. Wie bei allen Methoden gilt auch für die Ich-Es-Du-Methode, daß diese eine gewisse praktische Orientierung geben soll, aber nicht als starre Regel anzusehen ist.

Ich

Die dreiteilige Sequenz „Ich-Es-Du" beginnt damit, daß der Lehrer seine Gefühle zum Ausdruck bringt, geht über zu dem bildnerischen Prozeß, dem sich der Schüler widmet, und endet mit einer Erklärung über die Erfolge des Schülers. Gefühle katalysieren das Lernen; der Lehrer sollte deshalb zu Beginn die emotionale Kraft des Schülers zu einer persönlichen Leistung anspannen, indem er seine eigenen Emotionen offenbart und äußert. Wer die Emotionen eines anderen erfahren will, wer ihnen Gelegenheit geben will, sie auszuleben, wird nicht umhin können, auf eine neutrale, „objektive" Position zu verzichten und seine eigenen Gefühle sprechen zu lassen. Der Lehrer sollte dem behinderten Schüler auch klar machen, daß seine Äußerungen über Zufriedenheit, Freude, Stolz usw. seine eigenen persönlichen sind und nicht etwa abstrakte, „objektive" Einschätzungen sind. Er sollte dies auch durch die Wortwahl zum Ausdruck bringen, indem er klar sagt: „**Ich** finde schön, wie Du das machst . . .", „**Mir** gefällt . . .", „**Mich** macht es glücklich zu sehen . . .". Ein solches Einbringen der eigenen Person des Lehrers ist aber nicht nur taktischer Art. Wer urteilt, muß zunächst sein Recht zum Urteil nachweisen. Dadurch, daß der Lehrer zuerst seinen eigenen persönlichen Standpunkt klar macht, kann der Schüler in emotionaler Hinsicht seine dann folgenden Worte besser aufnehmen.

Es

Im zweiten Schritt des **Es** geht es um die Leistungen des Schülers. Dabei ist Konkretheit erforderlich. Ein allgemeines Lob wie „Das ist gut" ist zu vage; es bietet keine Ansatzpunkte, sei es als Basis für eine Ich-Stärkung, sei es als Ausgangspunkt für das Bemühen um Verbesserung. Ein derart unspezifiziertes Lob kann sogar das Gegenteil einer Bestätigung der eigenen Person in den eigenen Leistungen und Fortschritten erreichen. Allzu leicht kann der Schüler den Schluß ziehen, daß das Lob wohl so ernst nicht gemeint sei, wenn nicht spezifiziert wird, was an der solchermaßen gelobten Arbeit gut sein soll. Auch das behinderte Kind spürt ja, daß seine Arbeit in der Regel nicht rundum gelungen ist; es ist vielleicht selbst mit gewissen Teilen oder Ausführungen unzufrieden. Ein unspezifiziertes Pauschallob hebt also weder die besonderen Leistungen hervor, auf die das Kind stolz ist, noch weist es auf die Schwächen hin, die das Kind vielleicht selbst sieht und abstellen möchte. Es kommt vor allem darauf an, dem Kind deutlich zu machen, wie es ein bestimmtes Konzept umgesetzt hat. („Ich finde es gut, wie Du die Farben blau und gelb gemischt hast"; „Die Art, wie Du die hinteren Bäume gemalt hast — Du hast sie schön klein gemalt — zeigt wirklich, wie tief der Wald ist").

Du

In dem dritten Schritt des **Du** werden die Leistungen des Schülers personifiziert als Teil des ihm eigenen Fortschritts auf die Erreichung der Lernziele hin. Beispiele (in Fortführung der soeben angeführten): „Du kannst mit Farben schon ganz schön umgehen." „Du verstehst schon gut, worauf es ankommt, wenn man Raum und Raumtiefe darstellen will." Auch hier darf das Lob nicht pauschal sein („Du bist ein guter Zeichner"). Auch müssen allumfassende Superlative wie „immer", „nie", „bester" usw. vermieden werden. Die **Du**-Aussage muß sich auf spezifisch demonstrierte Fähigkeiten des Schülers beziehen. Ein solches Vorgehen zwingt im übrigen auch den Lehrer, sich präziser mit den spezifischen Leistungen und Fortschritten des Schülers zu befassen. Auch nimmt eine solche Einstellung den Schüler ernst — und das spürt der Schüler schnell und deutlich.

5. Zusammenführen behinderter und nichtbehinderter Kinder

In der amerikanischen Literatur zur Sonderpädagogik hat sich der Begriff des „Mainstreaming" durchgesetzt. Er bezeichnet die Bemühungen, die in unterschiedlichen Klassen und Schulformen getrennt erfolgende Erziehung behinderter und nichtbehinderter Kinder wieder zusammenzuführen, so wie sich verschiedene Flüsse vereinigen zu einem Strom (engl.: stream). Von dem behinderten Schüler, der so zu dem gemeinsamen „Strom" hingeführt worden ist, wird erwartet, daß er die gleichen Ziele erreicht wie der „reguläre" Schüler — allerdings auf seiner Ebene.

Für das „Mainstreaming" empfehlen sich besondere Methoden, von denen die folgenden zu erwähnen sind:

- **Kumpelsystem** („buddy system"): Hierbei unterstützt ein geeigneter Schüler aus einer „regulären" Klasse den behinderten Schüler.
- **Differenziertes Einheitskonzept:** Ein Konzept wird für alle Schüler entwickelt, aber in unterschiedlichen Weisen (je nach Nichtbehinderung oder Behinderung) gelöst. Beispiel: Bei dem Studium des bildnerischen Elements „Linie" weben einige Schüler eine Linie, andere malen eine Linie, wieder andere fertigen Drahtskulpturen an. Diese Methode gibt allen Schülern je nach ihren Behinderungen (oder ihren verschiedenen Formen und Graden) bzw. Nichtbehinderung die Möglichkeit, ein bildnerisches Element durch ihnen jeweils angemessene Verfahren zu lernen und gleichzeitig entsprechend ihrem geistigen Niveau und ihrer eigenen Arbeitsgeschwindigkeit Probleme zu lösen.
- **Vereinbarungsmethode** („contract method"): Diese Methode eignet sich nur im fortgeschrittenen Alter. Hierbei schließt der Lehrer eine Vereinbarung mit dem behinderten und nichtbehinderten Schüler über die Art des Projektes und die von ihm jeweils zur Durchführung benötigte Zeit. Diese Methode soll die Schüler in die Lage setzen, innerhalb ihrer Fähigkeiten Art und Ausmaß ihrer bildnerischen Arbeit zu bestimmen. Dieses Verfahren soll ihnen die Kontrolle darüber ermöglichen, was sie selbst nach ihrer Einschätzung erfolgreich bewältigen können, und dadurch ihre Reife und Selbstverantwortung fördern.
- Bei der gemeinsamen Unterrichtung behinderter und nichtbehinderter Schüler ist in jedem Falle die Schaffung einer Konkurrenzsituation zu vermeiden. Die Methode soll nicht zuletzt dem Verständnis der nichtbehinderten Schüler für die behinderten dienen und die Solidarität untereinander fördern.

6. Materialien, Werkzeuge, Techniken

6.1 Materialien und Werkzeuge

Gerade bei Behinderten ist der Erfolg des Kunstunterrichts zu einem erheblichen Ausmaß durch die Materialien bestimmt. Es ist Sache des Lehrers, diese zu beschaffen, aufzubewahren und zu pflegen. Dies gilt ebenso für die benötigten Mal- und sonstigen Werkzeuge.

Die nachstehende Liste von Materialien und Werkzeugen kann nicht erschöpfend sein. Ihr wesentlicher Zweck ist es, Anregungen zu geben. Jeder Lehrer sollte seine eigene möglichst reichhaltige und vielfältige „Vorratskammer" anlegen.

Mal- und Zeichenwerkzeuge
Deckfarben, Filzstifte, Wachsstifte, Buntstifte, Wachskerzen, Kreide, Holzkohle, Tusche, Pinsel, Schwamm, Q-Tips, Deodorantroller.

Papier
Zeichenpapier, Karton, Kreppapier, Glanzpapier, Tapete, Wellpappe, Bonbonpapiere, Stanniolpapier, Alufolie, Zeitungen, Zeitschriften, Papierwolle.

Naturmaterialien
Sand, Steinchen, Muscheln, Ästchen und Zweigchen, Halme, Rinde, Samen, Körner, Beeren, Federn, Moos, Salz, Kastanien, Eicheln, Holz (Holzabschnitte, Holzwolle, Holzspäne, Holzmehl), Stoffreste, Wolle, Garne, Schnur.

Zum Formen
Ton, Plastillin, Gips, Gipsbinden, Pfeifenreiniger, Draht (Kupfer-, Telefon-, Maschenzaundraht), Kerzenwachs, Schachteln, Styropor, Puzzlespiel, Kämme, Kunststoffgabeln, Alufolie.

Werkzeuge
Alleskleber, Holzleim, Hammer, Nägel, Reiszwecken, Schrauben, Heftklammern, Klammerer, Bügeleisen, Klebeband (Tesa-Film), Schaber/Kratzinstrumente, Säge, Bohrer, Schmirgelpapier, Zahnstocher, Strohhalm, Glasplatte (Kanten abgeschliffen), Kunststoffplatte, Holzfaserplatte, Nudelholz, Gummiwalze, Tintenkiller, Radiergummi.

Licht, Film, Optik
Overhead-Projektor, Diaprojektor, Blitzlicht, Klarsichtfolie, Schnellbildkamera, Lupe, Film-/Fotomaterial.

6.2 Womit kann man sonst noch malen?

Als Malutensil taugt nicht allein der Pinsel. Es gibt noch eine Reihe anderer technischer Möglichkeiten, mit denen Farbe aufgetragen werden kann. Sie sind oft empfehlenswert — zum einen, weil sie das Malen attraktiver machen können, zum anderen, weil sie bei manchen Formen und Graden von Behinderungen, bei denen das Malen mit Pinsel nicht zweckmäßig erscheint oder nicht möglich ist, machbare Alternativen bieten.

Malen mit der Sprühflasche

- Wasche eine Sprühflasche, wie man sie z.B. für Parfums und dergleichen verwendet, aus.
- Fülle sie mit angemachter Deckfarbe.
- Lege ausgeschnittene Schablonen oder Naturmaterialien, wie Blätter, Halme, Farne usw. auf das Blatt und spritze um die Konturen herum.
- Lasse die Farbe gut trocknen und ziehe die aufgelegten Materialien wieder ab.

Malen mit Quetschflasche

- Wasche eine Quetschflasche aus, wie sie für Haarwaschmittel, Körperlotion usw. verwendet wird (mit einem möglichst kleinem Loch), aus.
- Fülle die angemachte Deckfarbe hinein. Die Farbe darf nicht zu dünn sein.
- Nun kannst Du mit der Flasche zeichnen, indem Du leicht die Farbe aus der Flasche laufen läßt und dabei — so weit notwendig — die Flasche quetscht.

Malen mit Deodorantroller

- Reinige den Deodorantroller innen. Sollte er aufzuschrauben sein, tue dies. Andernfalls mußt Du die Plastikflasche am Boden öffnen und nach dem Füllen mit einem Kork wieder verschließen.
- Fülle sodann den Deodorantroller mit Deckfarbe, die so dünn sein muß, daß sie aus dem Roller fließt, aber auch wieder so dick, daß Du sie unter Kontrolle halten kannst.
- Nun kannst Du mit dem Roller malen.

Malen mit Q-Tips

Mit Q-Tips zu malen, ist deswegen attraktiv, weil sich mit ihnen verschiedenartige Farbspuren herstellen lassen.

Malen mit Schwamm

Ein mit Farbe bestrichener Schwamm hinterläßt interessante Muster, die weiter ausgemalt werden können. Schneidet man vom Schwamm kleine Stückchen ab, kann man diese auf einen Spieß (z.B. Schaschlikspieß) stecken und damit malen.

Malen mit einer alten Zahlbürste

Auch hier lassen sich attraktive Malspuren erzielen. Je abgenutzter die Zahnbürste ist (man kann ja nachhelfen), desto vielfältiger sind die zu erzielenden Farbstrukturen.

Tuschezeichnen mit Holzstäbchen

Tuschezeichnen mit Holzstäbchen (Schaschlik-, Mikadostäbchen) ist anregend deswegen, weil das Stäbchen nicht viel Tusche aufnimmt und dadurch verschiedene Schwarz- und Grauwerte entstehen.

6.3 Arbeiten mit Styropor

Die Erfahrung zeigt, daß das Arbeiten mit Styropor äußerst anregend ist, zumal für Behinderte. Einige Tricks und Techniken sollte man kennen.

- Man kann Styroporplatten zwar in Hobbyläden kaufen. Billiger ist es aber, sich Styroporverpackungsmaterial kostenlos in Kaufhäusern, Elektrogeschäften usw.

zu besorgen. Das (kostenlose) Styroporverpackungsmaterial hat im übrigen gegenüber den (teueren) Styroporplatten den Vorteil, daß es glatt ist, während die Styroporplatten eine rauhe Oberfläche haben. Auch ist das Styroporverpackungsmaterial wegen seiner verschiedenen Formen und Dicken wesentlich anregender und besser zu verwenden.

- Kleben kann man Styropor nur mit Holzleim. Alleskleber lösen wegen der in ihnen enthaltenen ätherischen Lösungsmittel das Styropor auf und fressen Löcher in das Styropormaterial.
- Allerdings kann man sich diese Wirkung des Allesklebers wieder zunutze machen, indem man das Styropor sich in Linien hineinfressen läßt und so Umrißzeichnungen entstehen, die man mit Farbe ausfüllen kann.
- Auch lassen sich auf diese Weise Druckstöcke aus Styropor gewinnen. Man überklebt die Stellen, die stehen bleiben sollen, sorgfältig mit Tesa-Film. Auf die restlichen Stellen trägt man vorsichtig Lösungsmittel auf und entfernt so diese Stellen. Zum Aufkleben eignen sich auch gut die im Handel erhältlichen selbstklebenden Folien, aus denen man Muster schneiden und dann auf das Styropor aufkleben kann und die freien Stellen wegätzen kann.
- Das Schneiden von Styropor ist wegen der dadurch entstehenden vielen kleinen Bröselchen nicht allzu erfreulich. Es quietscht dabei auch recht gräßlich.
- Will man Linien in das Styropor vertiefen, benutzt man — ähnlich der Brandmalerei mit Holz — glühende Metallgegenstände. Praktisch bewährt hat es sich, einen gebogenen Draht in einen Korken zu stecken und ihn dann über einem Teelicht zu erhitzen.
- Styroporverpackungsmaterial eignet sich hervorragend für Gußformen aus Gips. Damit sich die Gipsform leichter vom Styropor löst, sollte man vor dem Eingießen der Gipsmasse das Styropor mit Öl bestreichen.

4. Bildnerische Aktivitäten und Verfahren

Die hier präsentierten bildnerischen Aktivitäten und Verfahren sind so entworfen, daß sie für die meisten Formen von Behinderungen und Altersstufen geeignet sind. Wegen der großen Vielfalt individueller Fähigkeiten innerhalb jeder Behindertenkategorie sind die beschriebenen Aktivitäten und Verfahren bewußt nicht auf eine bestimmte Behinderungsform zugeschnitten. Besonderes Gewicht wurde auf die Formulierung der Lerninhalte gelegt sowie auf die Zuordnung dieser Lerninhalte zu den Aktivitäten und Verfahren, wie sie sich aus der Aufstellung auf der nachfolgenden Seite ergibt.

Der mit dem Kunstunterricht für Behinderte nicht vertraute Leser mag manche vorgeschlagenen Aktivitäten oder Verfahren als „zu leicht" einstufen. Diese Einschätzung mag sich ändern, wenn bedacht wird, daß die hier vorgestellten Aktivitäten und Verfahren sich auch für Geistigbehinderte eignen sollen, für die Richtungsunterscheidungen, Tiefenwahrnehmung, feinmotorische Fertigkeiten und dergleichen oft eine erhebliche Leistung darstellen.

Übersicht über bildnerische Aktivitäten und Verfahren zur Förderung von Fähigkeiten und Fertigkeiten

Spaltengruppen (von links nach rechts):

SELBSTVERWIRKLICHUNG
- Ausdauer (motorische Aktivitäten und gestalterische Aspekte)
- Geduld/Aufmerksamkeits-Spanne
- Gruppeninteraktion
- Problemlösung
- Kreative Reaktion
- Selbstausdruck
- Emotionales Ventil

PERZEPTION und KONZEPTIOON
- Gruppeninteraktion (Ähnlichkeiten, Gegensätze)
- Richtungsunterscheidung
- Mengenunterscheidung
- Formunterscheidung
- Farbunterscheidung
- Tiefenwahrnehmung
- Raumverhältnis
- Figur-Grund-Verhältnis (Zusammenhang von Figur und Hintergrund)
- Gestaltinformation (Erfassen von Teilen eines Ganzen)
- Umweltbewußtsein
- Körperbewußtsein
- Visuelles Gedächtnis

FEINMOTORISCHE FERTIGKEITEN

Fähigkeiten und Fertigkeiten ←

Programmierung des Kunstunterrichts

Es handelt sich hier um Anregungen. Die Aktivitäten und Verfahren sind je nach den Fähigkeiten und Bedürfnissen der Behinderten auszuwählen und anzupassen.

Aktivitäten und Verfahren ⬇

1.	Blasbild
2.	Tropfenmalen
3.	Faltbild
4.	Zerknülltes Papier
5.	Farbquetschbild
6.	Fadenbild
7.	Sprühbild
8.	Marmoriertes Papier
9.	Nudelholz-Technik
10.	Nasse Tuschetropfen
11.	Naß-in-Naß-Malerei
12.	Frottage (Durchreibetechnik)
13.	Malen auf Alufolie
14.	Papierbatik
15.	Malen aus Formen
16.	Zeichnung in Styropor
17.	Abklatschtechnik
18.	Monotypie
19.	Monotypie
20.	Umdruckverfahren
21.	Abdruckverfahren
22.	Tintenkiller-Zeichnung
23.	Wachsstiftmalerei übermalt mit Deckfarb
24.	Wachskratzzeichnung
25.	Geschmolzene Wachszeichnung
26.	Kerzenauswaschbild
27.	Absprengtechnik
28.	Stempelmosaik
29.	Nagelbild
30.	Collage aus Papierpünktchen
31.	Gerissene Papierform
32.	Collage aus Luftschlangen
33.	Collage aus Stoff- und Nähmaterial
34.	Collage aus Körnern und Samen
35.	Collage aus Herbstblättern
36.	Transparente Naturcollage
37.	Malen mit Overhead-Projektor
38.	Schattenspiele
39.	Buchstabenmobile
40.	Buchstaben-Puzzle
41.	Gipsplastik
42.	Gibsinlay
43.	Gipsabdruck
44.	Plast. Arbeiten mit Gips: Gips quetsche
45.	Gipsabguß in Sand
46.	Sandintarsie
47.	Pfeifenreiniger-Plastik
48.	Drahtplastik mit Gipsbinden
49.	Plastik aus Puzzlestücken
50.	Plastik aus Kämmen und Kunststoffgabel
51.	Plastik aus Steinchen
52.	Plastik aus Kleinverpackungsmaterial
53.	Maske aus Alu-Folie
54.	Maske aus Papiertüte
55.	Puppe aus Papiertüte
56.	Puppe aus Socken
57.	Puppe aus alten Hausschuhen
58.	Fingerpuppe
59.	Styroporkopfpuppe

1	**Blasbild**

Lerninhalt
Feinmotorische Fertigkeiten, visuelles Gedächtnis, Umweltbewußtsein, Gestaltformation, Figur-Grundverhältnis, Raumverhältnis, Farbunterscheidung, Richtungsunterscheidung, emotionales Ventil, Selbstausdruck

Material
Papier DIN A 4 oder 3, Tusche oder Deckfarbe, Pinsel, Strohhalm, Filzstifte

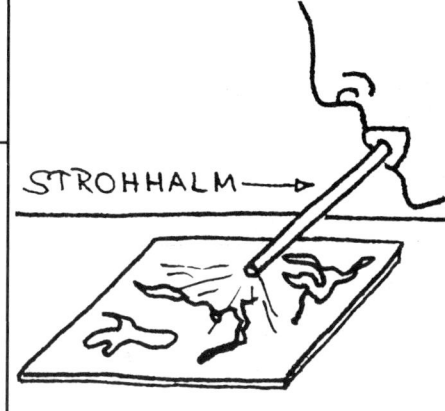

STROHHALM ⟶

Verfahren
1. Tropfe Tusche oder Farbe auf das Papier.
2. Verblase den Fleck mit einem Strohhalm, den Du ganz nahe an den Fleck hältst (beim Blasen ohne Strohhalm kannst Du nicht so genau kontrollieren, wohin der Fleck auseinanderläuft).
3. Du kannst diesen Vorgang mit derselben oder auch mit anderen Farben wiederholen (lasse die verblasene Farbe etwas trocknen).
4. Meistens ist das verblasene Bild schon schön genug. Wenn Du willst, kannst Du aber mit Filzstiften Linien verstärken oder hinzufügen — vielleicht um eine Gestalt, die Du in den verblasenen Flecken siehst, deutlicher zu machen.
5. Variation: Wenn Du zwei oder drei Primärfarben verwendest, ergeben sich durch Vermischen beim Verblasen Sekundärfarben.

2	Tropfenmalen

Lerninhalt
Feinmotorische Fertigkeiten, Gestaltformation, Figur-Grundverhältnis, Raumverhältnis, Tiefenwahrnehmung, Farbunterscheidung, Formunterscheidung, Richtungsunterscheidung, emotionales Ventil, Selbstausdruck

Material
Papier DIN A 4 oder 3, Farbe oder Tusche, Pinsel

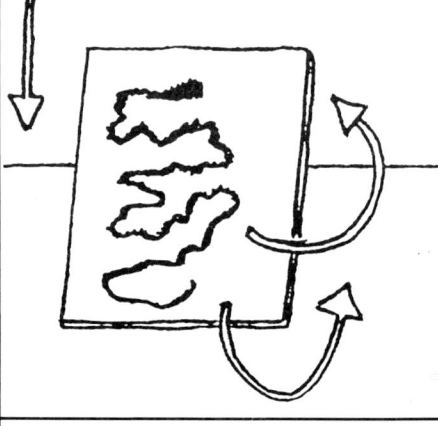

Verfahren
1. Nimm einen Pinsel voll Farbe oder Tusche und tropfe einen Flecken Farbe auf das Papier, indem Du den Pinsel zwischen Daumen und Zeigefinger ausdrückst.
2. Halte das Papier schief und drehe es und lasse den Tropfen so herumlaufen, daß er eine Spur bildet (z.B. Kreis, Spirale usw.).

3	**Faltbild**

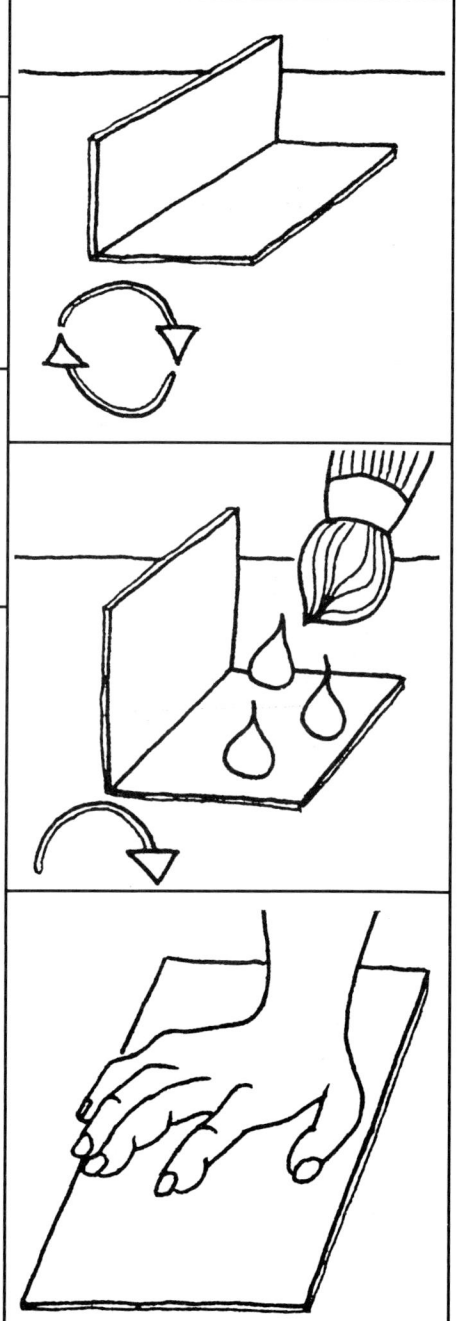

Lerninhalt
Feinmotorische Fertigkeiten, visuelles Gedächtnis, Gestaltformation, Figur-Grundverhältnis, Raumverhältnis, Farbunterscheidung, Formunterscheidung, emotionales
Ventil, Selbstausdruck

Material
Papier DIN A 4, Deckfarbe, Wasser, Pinsel,
Filzstifte

Verfahren
1. Falte das Papier in der Mitte und klappe
   es dann wieder auf.
2. Tropfe auf die eine Seite des gefalteten
   Blattes eine oder mehrere Farben (nicht
   zu viel).
3. Klappe dann die andere Hälfte auf die
   Farbseite und drücke vorsichtig darauf.
4. Falte das Papier dann vorsichtig auseinander und lasse die Farbe trocknen.
5. Wenn Du willst, kannst Du versuchen, in
   dem Bild Figuren (auch nichtgegenständliche) zu erkennen, und kannst diese mit
   dem Filzstift deutlicher herauszeichnen
   oder ergänzen.

| 4 | Zerknülltes Papier |

Lerninhalt
Feinmotorische Fertigkeiten, Farbunterscheidung, Formunterscheidung, Richtungsunterscheidung, Selbstausdruck

Material
Papier (am besten saugfähiges Papier), Schwamm, Wasser, Deckfarben, Pinsel

Verfahren
1. Befeuchte das gesamte Papier vorsichtig mit einem feuchten Schwamm.
2. Bedecke das feuchte Papier zügig mittels des Pinsels mit Deckfarben, am besten Primärfarben (z.B. rot, gelb, blau), dann siehst Du das Vermischen der Farben und das Entstehen von Sekundärfarben.
3. Noch während die Farben feucht sind, zerknülle das Papier zu einem Ball.
4. Öffne den zusammengeknüllten Ball sorgfältig und breite das Papier zum Trocknen aus.
5. Das Papier sieht nun wegen der vielen kleinen Linien wie ein Pergamentpapier aus.

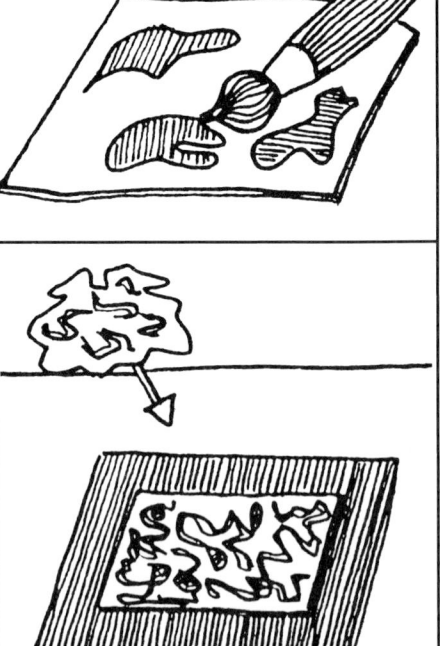

5	Farbquetschbild

Lerninhalt
Feinmotorische Fertigkeiten, visuelles Gedächtnis, Gestaltformation, Tiefenwahrnehmung, Farbunterscheidung, Formunterscheidung, Richtungsunterscheidung, emotionales Ventil, Selbstausdruck

Material
Papier DIN A 4, Deckfarbe, Wasser, Pinsel,
Zeitungspapierpacken

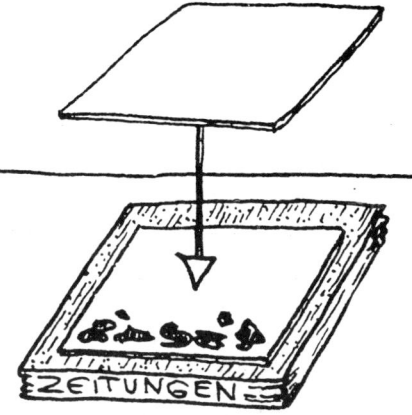

Verfahren
1. Lege das Papier auf das Zeitungspapier.
   Trage mit dem Pinsel auf den unteren
   Rand Farbtropfen auf.
2. Lege sodann einen anderen Bogen Papier mit demselben Format vorsichtig auf
   das Papier und drücke die Farbe vorsichtig mit der flachen Handkante nach oben.
3. Hebe dann das obere Blatt vorsichtig wieder ab. Du wirst darauf Landschaften
   oder Gestalten entdecken, die Du —
   wenn Du willst — weiter ausmalen
   kannst.

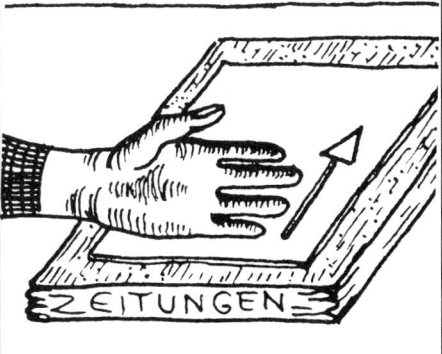

6	Fadenbild

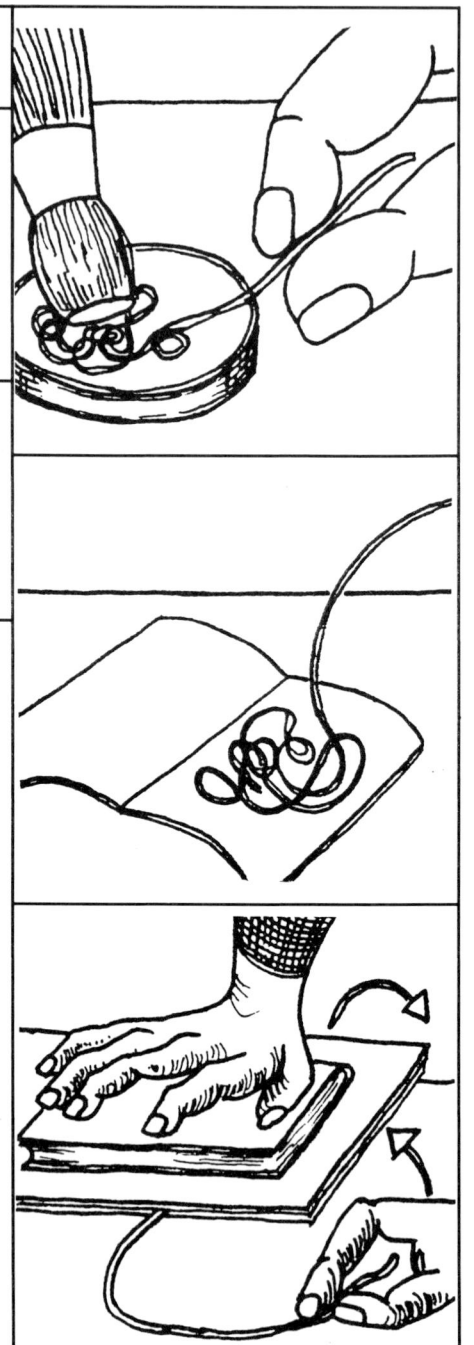

Lerninhalt

Feinmotorische Fertigkeiten, visuelles Gedächtnis, Gestaltformation, Figur-Grundverhältnis, Raumverhältnis, Tiefenwahrnehmung, Farbunterscheidung, Formunterscheidung, Richtungsunterscheidung, emotionales Ventil, Selbstausdruck, Geduld

Material

Papier DIN A 4, Bindfaden, Deckfarbe, Pinsel, Wasser, Filzstift

Verfahren

1. Falte das Papier in der Mitte und falte es dann wieder auseinander.
2. Tauche den Faden in die feuchte Farbe ein und tränke ihn damit.
3. Lege den farbgetränkten Bindfaden auf die rechte Seite des Papiers. Klappe sodann die andere Hälfte darauf. Achte darauf, daß das Fadenende oben herausschaut. Lege auf das zugeklappte Papier ein Buch.
4. Ziehe den Faden nun vorsichtig heraus, indem Du ihn nach allen Seiten wendest (damit er zwischen den Papierhälften eine Schlangenlinie bildet).
5. Öffne dann das Papier und sieh Dir das symmetrische Gebilde (auf beiden Seiten des Papiers) an.
6. Wiederhole den Vorgang mit anderen Bindfäden und anderen Farben, so oft Du willst.
7. Wenn Du willst, kannst Du am Schluß das fertige symmetrische Gebilde mit Pinsel oder Filzstift ergänzen.

7	Sprühbild

Lerninhalt
Feinmotorische Fertigkeiten, Gestaltformation, Figur-Grundverhältnis, Raumverhältnis, Tiefenwahrnehmung, Farbunterscheidung, Formunterscheidung, Mengenunterscheidung, Richtungsunterscheidung, Geduld

Material
Papier DIN A 4, Karton (zum Ausschneiden von Schablonen), Schere, Deckfarbe, Wasser, alte Zahnbürste, Sieb

Verfahren
1. Schneide aus dem Karton verschiedene kleine geometrische, gegenständliche oder nichtgegenständliche, Formen mit der Schere aus.
2. Ordne diese Formen auf dem Papier an.
3. Tauche die alte Zahnbürste in angemachte Farbe und streife die überschüssige Farbe ab.
4. Streiche die Zahnbürste über ein Sieb, und zwar so über dem Papier, daß die Farbe auf die Außenkanten der Schablonen gesprüht wird.
5. Laß die Farbe gut trocknen und entferne dann die Schablonen.
6. Variation: Anstelle der Schablonen kannst Du auch Blätter, Gräser oder kleine Gegenstände wie Schlüssel, Knöpfe usw. verwenden.

| **8** | **Marmoriertes Papier** |

Lerninhalt
Feinmotorische Fertigkeiten, Umweltbewußtsein, Gestaltformation, Figur-Grundverhältnis, Raumverhältnis, Tiefenwahrnehmung, Farbunterscheidung, Formunterscheidung, Bewegungsaktivität, Selbstausdruck

Material
Wasserschüssel, Chinatusche, saugfähiges Abzugpapier, Pinsel, Deckfarbe, Filzstifte

Verfahren
1. Nimm eine mit Wasser gefüllte Schüssel. Tropfe auf das Wasser vorsichtig Chinatusche.
2. Wenn Du mit dem Zeigefinger die Wasseroberfläche berührst, kannst Du nach Deiner Phantasie die Tusche verteilen.
3. Lege vorsichtig auf die Wasseroberfläche ein Blatt Papier, damit es die Tusche aufnehmen kann.
4. Ziehe das Blatt Papier wieder von der Wasseroberfläche ab und lasse es trocknen.
5. Du kannst mit Filzstiften oder Deckfarben Dein Tuschemuster weitermalen.
6. Variation: Wenn die Tusche auf der Wasseroberfläche schwimmt, kannst Du auch mit einem Tropfen Pril das Muster verändern.

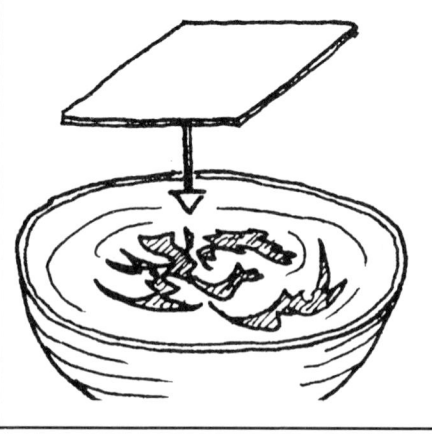

| **9** | **Nudelholz-Technik** |

Lerninhalt
Feinmotorische Fertigkeiten, Gestaltformation, Figur-Grundverhältnis, Raumverhältnis, Tiefenwahrnehmung, Farbunterscheidung, Formunterscheidung, Richtungsunterscheidung, Bewegungsaktivität, emotionales Ventil, Selbstausdruck

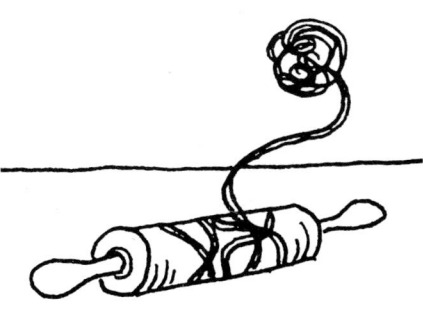

Material
Papier DIN A 3, Deckfarbe, Glas-, Kunst-
stoff- oder Hartfaserplatte, Nudelholz, dicke
Schnur (Kordel), Pinsel

Verfahren
1. Wickle die Schnur um das Nudelholz.
2. Trage Farbe dick auf die Platte auf.
3. Rolle mit der mit Schnur umwickelten Nudelrolle über die Platte, damit die Schnur
   gut mit Farbe getränkt ist.
4. Rolle dann die Nudelrolle über das Papier. Es ergeben sich verschiedenartige
   Linienmuster.

10 | Nasse Tuschetropfen

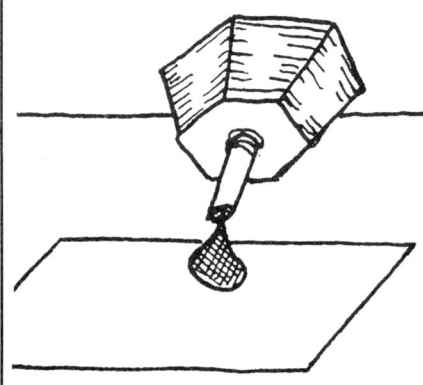

Lerninhalt
Feinmotorische Fertigkeiten, visuelles Gedächtnis, Umweltbewußtsein, Gestaltformation, Figur-Grundverhältnis, Raumverhältnis, Formunterscheidung, Bewegungsaktivität, Selbstausdruck

Material
Papier DIN A 4 oder 3, Schwamm, Wasser, Tusche, Filzstifte

Verfahren
1. Befeuchte mit einem Schwamm das Papier.
2. Lasse Tuschetropfen auf das feuchte Papier fallen.
3. Du siehst, wie sofort aus den Tropfen Blumen aufblühen oder Bäume wachsen.
4. Wenn Du willst, kannst Du diese Gebilde ergänzen, z.B. einen Stengel zu einer Blume usw.
5. Wenn Du erste Erfahrungen mit dieser Technik gemacht hast, kannst Du gezielter vorgehen, indem Du manche Stellen nasser machst (dann verläuft die Tusche/Farbe stärker und bildet einen größeren Fleck) oder weniger naß (dann „blüht" der Fleck nicht so stark aus).

11	Naß-in-Naß-Malerei

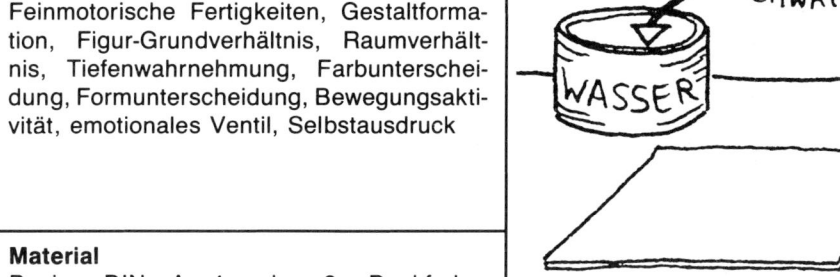

Lerninhalt
Feinmotorische Fertigkeiten, Gestaltformation, Figur-Grundverhältnis, Raumverhältnis, Tiefenwahrnehmung, Farbunterscheidung, Formunterscheidung, Bewegungsaktivität, emotionales Ventil, Selbstausdruck

Material
Papier DIN A 4 oder 3, Deckfarbe, Schwamm, Pinsel, Zeitungspapierpacken, Wasser, verschiedenfarbige Filzstifte

Verfahren
1. Feuchte das Papier, das Du auf den Zeitungspapierpacken legst, mit dem Schwamm an.
2. Stelle Dir ungefähr vor, welches Bild Du machen möchtest (Du kannst Dir auch mit dem Bleistift vor dem Naßmachen schon die Umrisse eines Bildes einzeichnen).
3. Setze dann mit dem Pinsel verschiedene Farben auf die (feuchten) Flächen auf. Durch das Verlaufen entstehen oft Formen, wie Du sie eigentlich vielleicht gar nicht haben wolltest; das macht aber gar nichts.
4. Wenn die Farben getrocknet sind, kannst Du mit den Filzstiften Ergänzungen, Verdeutlichungen usw. anbringen.

| 12 | **Frottage (Durchreibetechnik)** |

Lerninhalt
Feinmotorische Fertigkeiten, visuelles Gedächtnis, Umweltbewußtsein, Gestaltformation, Figur-Grundverhältnis, Raumverhältnis, Tiefenwahrnehmung, Formunterscheidung, Mengenunterscheidung, Richtungsunterscheidung, Gruppenarbeit, Selbstausdruck,

Material
Papier DIN A 4, verschiedene Materialien, wie Holz, Klöppelspitzen, Blätter mit starker Rippenbildung, grobe Stoffe usw., Wachsstifte

Verfahren
1. Lege einen der Gegenstände auf den Tisch und darüber das Papier.
2. Benutze einen Wachsstift auf der Breitseite und reibe mit ihm auf dem Papier so, daß der darunter liegende Gegenstand in seinem Umriß und seinen Strukturen auf dem Papier erscheint.
3. Wiederhole diesen Vorgang auch mit anderen Gegenständen, die Du unter das Papier legst. Dabei kannst Du das Papier in verschiedene Richtungen bewegen, Du kannst so einen Gegenstand ein paar Mal abbilden (auch überschneiden).
4. Je nach Wunsch kannst Du beim Durchreiben auch mehrere Farben verwenden.

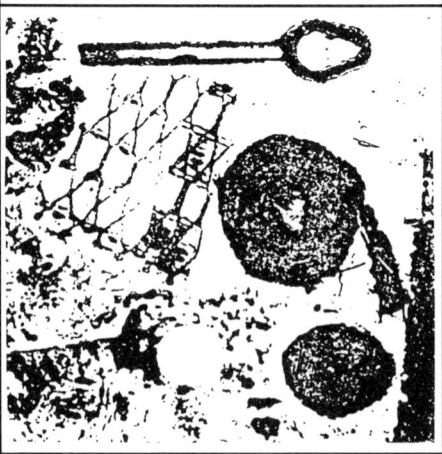

13 | Malen auf Alufolie

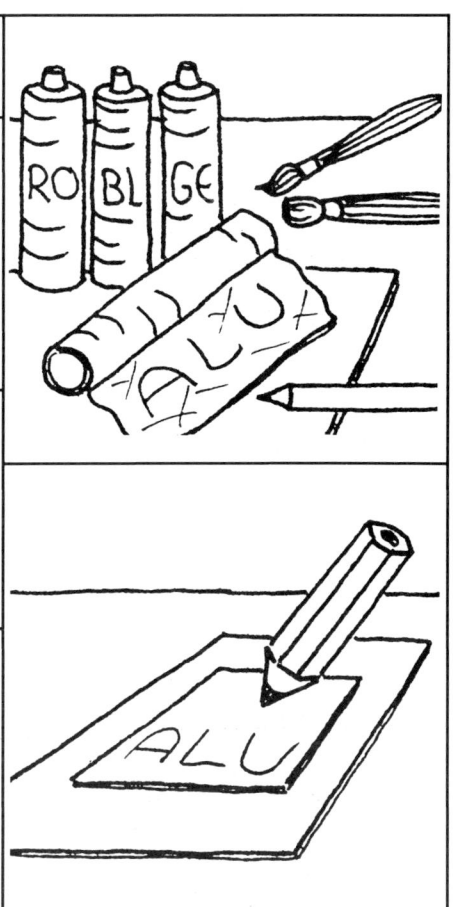

Lerninhalt
Feinmotorische Fertigkeiten, visuelles Gedächtnis, Gestaltformation, Figur-Grundverhältnis, Raumverhältnis, Tiefenwahrnehmung, Farbunterscheidung, Formunterscheidung, Selbstausdruck

Material
Haushaltsalufolie, Papier, Bleistift, Akrylfarben, Pinsel, Zeitungspapierpacken, Alleskleber

Verfahren
1. Lege die Alufolie mit ihrer matten Seite nach oben auf einen Zeitungspapierpacken.
2. Zeichne auf der Alufolie mit einem Bleistift ein Bild. Die Konturen mußt Du gut eindrücken, damit man sie auf der anderen (glänzenden) Seite gut sehen kann. Du mußt aber auch darauf achten, daß Du die Alufolie nicht durchdrückst, sie also nicht beschädigst.
3. Wende sodann die Folie. Auf der glänzenden Seite kannst Du nun die verschiedenen Felder mit Akrylfarbe bemalen. Lasse die durchgedrückten Linien frei von Farbe.
4. Das Bild kannst Du zur Stabilisierung auf ein Blatt Papier kleben.

14	Papierbatik

Lerninhalt
Feinmotorische Fertigkeiten, visuelles Gedächtnis, Gestaltformation, Figur-Grundverhältnis, Raumverhältnis, Farbunterscheidung, Formunterscheidung, Selbstausdruck

Material
Zeichenpapier DIN A 4, weiße Wachskerze oder weißer Wachsstift, Deckfarbe, Pinsel, Wasser

Verfahren
1. Zeichne mit der weißen Kerze oder dem weißen Wachsstift eine Zeichnung auf das Blatt Papier.
2. Überstreiche anschließend das ganze Blatt Papier mit Deckfarbe, fahre dabei auch über die weiße Wachszeichnung hinweg.
3. Nun wird die vorher fast unsichtbare weiße Zeichnung sichtbar.

15	**Malen aus Formen**

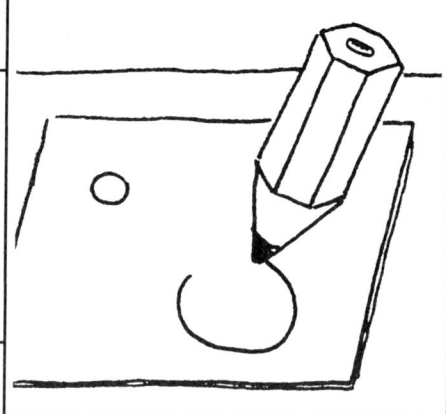

Lerninhalt
Feinmotorische Fertigkeiten, visuelles Gedächtnis, Gestaltformation, Figur-Grundverhältnis, Raumverhältnis, Farbunterscheidung, Formunterscheidung, Selbstausdruck,

Material
Papier DIN A 4, Bleistift, Filzstifte

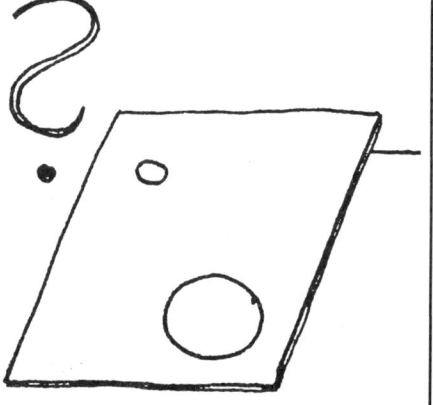

Verfahren
1. Lasse Dir von einem Mitschüler oder Deinem Lehrer mit Bleistift zwei verschieden große Kreise (etwa 1 und 3 cm Durchmesser) auf das Blatt malen.
2. Nun überlege, wie Du die Kreise so in einer Zeichnung, ausgeführt mit Filzstiften, verstecken kannst, daß Deine Mitschüler, der Lehrer, vielleicht auch Du selbst, Schwierigkeiten haben, sie in dem fertigen Bild zu entdecken.
3. Lasse dann Deine Mitschüler, den Lehrer/die Lehrerin raten, wo die beiden Kreise versteckt sind.

16 | Zeichnung in Styropor

Lerninhalt
Feinmotorische Fertigkeiten, Figur-Grund-verhältnis, Farbunterscheidung, Formunter-scheidung, Richtungsunterscheidung, Selbstausdruck, Geduld

Material
Styroporplatte, Kerze (oder Teelicht), Kor-ken, Draht, Stift, Deckfarben, Pinsel, Wasser

Verfahren
1. Zeichne auf einer glatten Styroporplatte eine Umrißzeichnung.
2. Spieße in einen Korken einen gebogenen festen Draht.
3. Erhitze den Draht über einer Flamme (der Kerze oder des Teelichts).
4. Ziehe nun mit dem erhitzten Draht die auf das Styropor eingezeichneten Linien nach. Durch die Hitze schmilzt das Styro-por; die Linien werden also in das Styro-por eingegraben.
5. Male nun die eingegrabenen Linien mit Farben aus.
6. Variation: Du kannst in die Flamme (mit einer Pinzette) auch kleine Metallstück-chen halten (Zahnrädchen, Spiralen usw.), die Du nach dem Erhitzen in das Styropor drückst und wieder entfernst; dadurch entstehen interessante Formen.

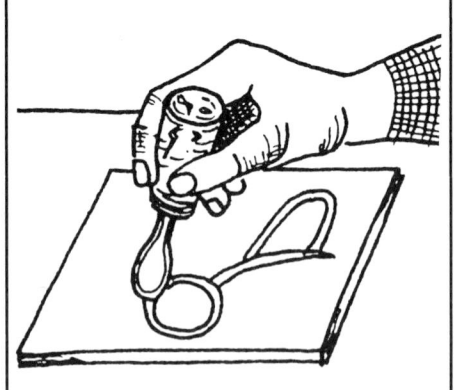

17 | Abklatschtechnik

Lerninhalt
Feinmotorische Fertigkeiten, visuelles Gedächtnis, Gestaltformation, Figur-Grundverhältnis, Raumverhältnis, Tiefenwahrnehmung, Farbunterscheidung, Formunterscheidung, Richtungsunterscheidung, emotionales Ventil, Selbstausdruck

Material
Glasplatte (Ränder abgeschliffen) bzw.
Kunststoff- oder Hartfaserplatte, Papier DIN
A 4 oder 3, Plakafarben, Pinsel, Wasser

Verfahren
1. Male mit verschiedenen Plakafarben auf
   die Platte ein Bild (es kann auch nichtge-
   genständlich sein).
2. Lege sodann vorsichtig ein Blatt Papier
   darauf und fahre (am besten mit einem
   Lappen) darüber.
3. Ziehe das Blatt sorgfältig wieder ab.
4. An dem entstandenen Bild kannst Du,
   wenn Du willst, weitermalen, indem Du
   gefundene Strukturen verstärkst oder
   veränderst.

18	Monotypie

Lerninhalt
Feinmotorische Fertigkeiten, visuelles Gedächtnis, Umweltbewußtsein, Gestaltformation, Figur-Grundverhältnis, Raumverhältnis, Tiefenwahrnehmung, Formunterscheidung, Richtungsunterscheidung, Selbstausdruck

Material
Glatte Platte (Glasplatte mit abgeschliffenen
Rändern oder Kunststoffplatte), Druckerschwärze, Gummiwalze, Holzstäbchen, Abzugpapier oder sonstiges saugfähiges Papier

Verfahren
1. Walze die Druckerschwärze mit der Gummiwalze gleichmäßig auf die Platte.
2. Zeichne auf die Druckerschwärze ein
   Bild, indem Du bei den Linien mit einem
   Holzstäbchen die Druckerschwärze entfernst.
3. Lege das Papier auf die Platte und
   drücke es sanft an allen Stellen an.
4. Ziehe das Papier danach wieder sorgfältig von der Platte ab. Du erhältst jetzt
   ein Bild mit weißen Linien auf schwarzem
   Grund.

19	Monotypie

Lerninhalt
Feinmotorische Fertigkeiten, Gestaltformation, Figur-Grundverhältnis, Tiefenwahrnehmung, Farbunterscheidung, Formunterscheidung, Richtungsunterscheidung

Material
Zeichenpapier, Blei- oder Filzstifte, Glas-
platte (am Rand abgeschliffen), Deckfarbe,
Pinsel, Abzugpost oder saugfähiges Papier

Verfahren
1. Zeichne auf ein Blatt normalen Papiers
   mit einem Blei- oder Filzstift eine nicht zu
   komplizierte Figur.
2. Lege über dieses Blatt nun eine Glasplatte.
3. Male mit dem Pinsel und der Deckfarbe
   (da es schnell gehen muß, am besten nur
   eine Farbe) zügig die Linien des unter der
   Glasplatte liegenden Bildes auf der
   Glasplatte nach.
4. Lege auf die noch feuchte Malerei auf der
   Glasplatte das saugfähige Papier und
   streife mit dem Handballen darüber, damit das Papier die Farbe gut aufsaugt.
5. Ziehe dann das Blatt ab. Du erhältst jetzt
   ein negatives Bild des ursprünglichen
   Bildes.

20	Umdruckverfahren

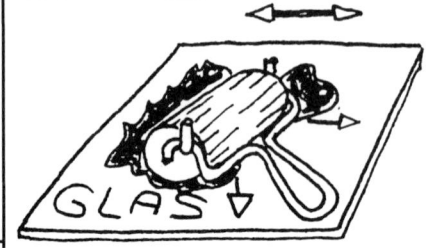

Lerninhalt
Feinmotorische Fertigkeiten, visuelles Gedächtnis, Umweltbewußtsein, Gestaltformation, Figur-Grundverhältnis, Raumverhältnis, Tiefenwahrnehmung, Formunterscheidung, Richtungsunterscheidung, Selbstausdruck

Material
Glatte Platte (Glasplatte mit abgeschliffenen Kanten oder Kunststoffplatte), Druckerschwärze, Gummiwalze, Holzstäbchen, Bleistift, Abzugpapier oder sonstiges saugfähiges Papier

Verfahren
1. Trage mit der Walze gleichmäßig die Druckerschwärze auf die Platte auf.
2. Lege das Papier vorsichtig auf die eingeschwärzte Platte.
3. Auf dem Papier kannst Du mit dem Fingernagel oder einem Holzstäbchen oder Bleistift eine Zeichnung aufbringen. Durch den Druck nimmt das Papier an der betreffenden Stelle die Druckerschwärze auf. Achte deshalb darauf, daß Du Deine Hand beim Zeichnen möglichst nicht auf das Papier legst!
4. Ziehe sodann das Papier sorgfältig von der Platte ab.

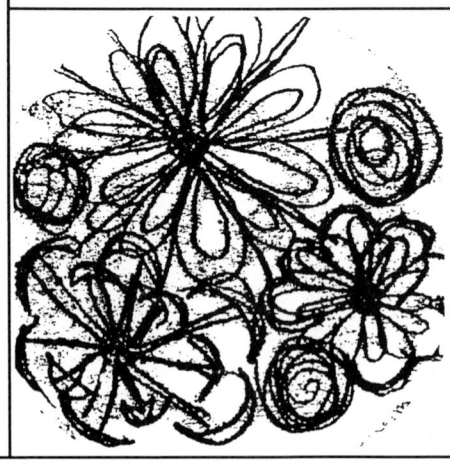

21	Abdruckverfahren

Lerninhalt
Umweltbewußtsein, Gestaltformation, Figur-Grundverhältnis, Raumverhältnis, Formunterscheidung, Richtungsunterscheidung, emotionales Ventil

Material
Flache Gegenstände (wie Farne, Blätter usw.), Glas- oder Kunststoffplatte, Deckfarbe, Gummiwalze, Abzugpapier

Verfahren
1. Lege flache Gegenstände, wie Farne und Blätter, auf die Platte.
2. Trage mit dem Roller eine dünne Farbschicht über die gesamte Platte und die aufgelegten Gegenstände auf.
3. Hebe dann vorsichtig (vielleicht mit einer Pinzette) die flachen Gegenstände ab.
4. Lege dann das Abzugpapier auf die Platte und drücke es an allen Stellen vorsichtig (am besten mit einem Lappen) fest.
5. Ziehe danach das Papier vorsichtig wieder ab. Es ist dann schwarz mit weißen Stellen dort, wo die flachen Objekte auf der Platte lagen.
6. Lege die (eingefärbten) flachen Objekte auf ein zweites Blatt Papier, lege ein weiteres Blatt Papier auf und drücke die Gegenstände (am besten mit einem Tuch) fest auf dem Papier ab.

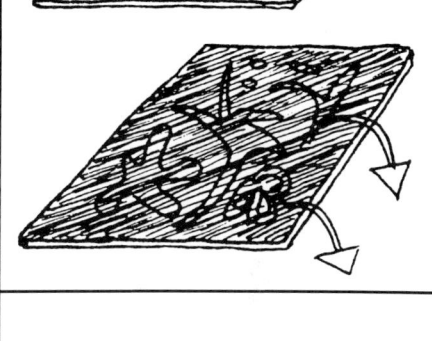

| 22 | **Tintenkiller-Zeichnung** |

Lerninhalt
Feinmotorische Fertigkeiten, visuelles Gedächtnis, Gestaltformation, Figur-Grundverhältnis, Raumverhältnis, Tiefenwahrnehmung, Formunterscheidung

Material
Papier DIN A 5, Tinte (die von einem Tinten-
killer entfernt werden kann), Tintenkiller,
Pinsel

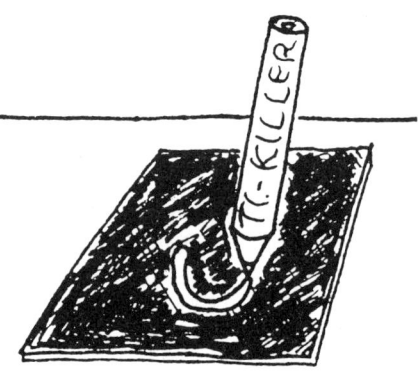

Verfahren
1. Färbe zunächst das Blatt ganz mit Tinte
   ein (am besten mit einem Pinsel).
2. Mit dem Tintenkiller kannst Du nun Linien
   und kleine Flächen von der Tinte be-
   freien. Du bekommst also ein Bild mit
   blauem oder schwarzem Untergrund mit
   weißen Linien und kleinen weißen Flächen.

23	**Wachsstiftmalerei** **übermalt mit Deckfarbe**

Lerninhalt
Feinmotorische Fertigkeiten, Figur-Grund-verhältnis, Tiefenwahrnehmung, Farbunter-scheidung, Formunterscheidung, Selbstaus-druck

Material
Papier DIN A 4 oder 3, Wachsstifte, Deckfar-ben, Pinsel, Wasser

Verfahren
1. Zeichne mit den Wachsstiften ein Bild auf das Papier. Drücke dabei gut auf. Lasse die Flächen zwischen den Linien frei.
2. Verteile die Deckfarbe mit dem Pinsel dünn auf dem gesamten Papier. Die Wachsstifte weisen die Deckfarbe ab; nur die vom Wachsstift freien Stellen werden von der Farbe eingefärbt.

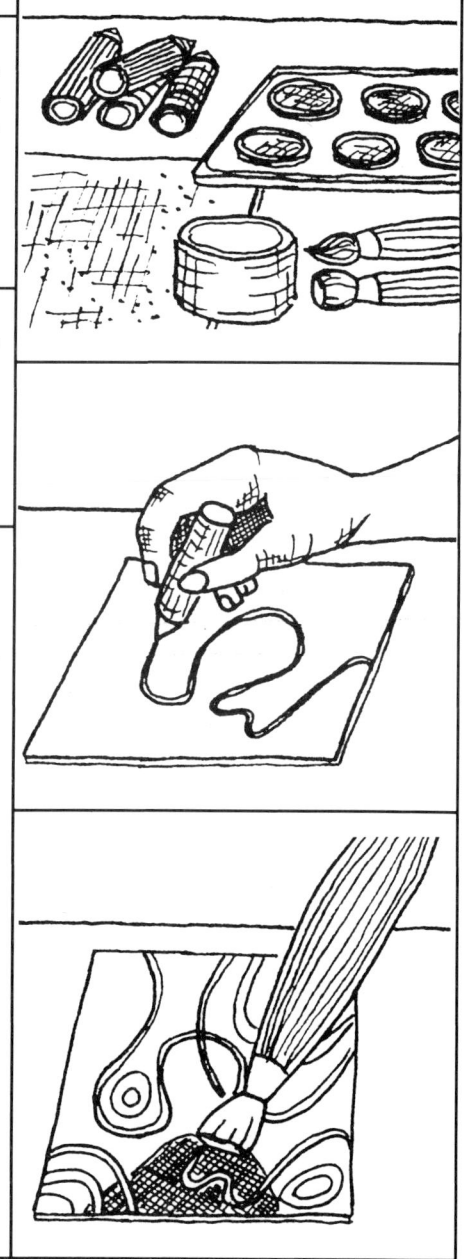

24	Wachskratzzeichnung

Lerninhalt
Feinmotorische Fertigkeiten, Umweltbewußtsein, Gestaltformation, Figur-Grundverhältnis, Raumverhältnis, Tiefenwahrnehmung, Farbunterscheidung, Formunterscheidung, Richtungsunterscheidung, Selbstausdruck, Geduld

Material
Wachsstifte in verschiedenen Farben, Tusche oder schwarze Temperafarbe, Zeichenpapier, Kratzinstrument

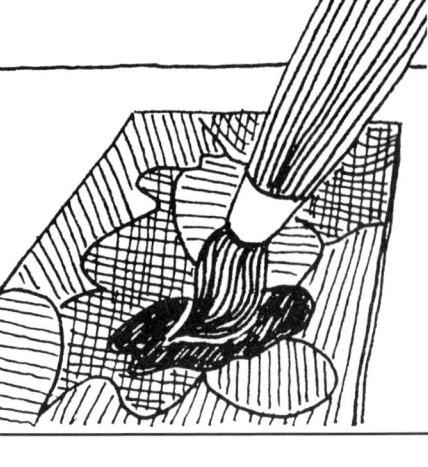

Verfahren
1. Trage mit verschiedenen Wachsstiften eine Wachsschicht auf das Papier auf. Reibe diese Schicht mit weichem Papier (Toilettenpapier) glatt.
2. Decke diese Schicht mit Tusche oder schwarzer Temperafarbe vollständig zu (Du kannst auch einen schwarzen Wachsstift nehmen, aber das ist ziemlich mühsam). Von der buntfarbigen Wachsschicht darf nichts mehr zu sehen sein.
3. Kratze nun ein Bild in die schwarze Abdeckschicht. Die Linien werden ganz bunt (darunter liegt ja die bunte Wachsschicht), während die Flächen schwarz bleiben.
4. Wenn Du für die Wachsunterschicht nur weiße Wachsstifte nimmst, kannst Du beim Ankratzen der schwarzen Oberschicht schöne weiße Muster herausholen: Schneekristalle, Spinnengewebe, Farnkräuter usw.

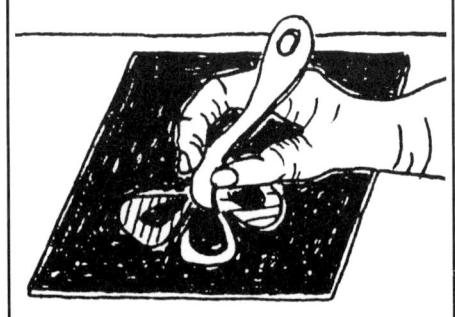

| 25 | **Geschmolzene Wachszeichnung** |

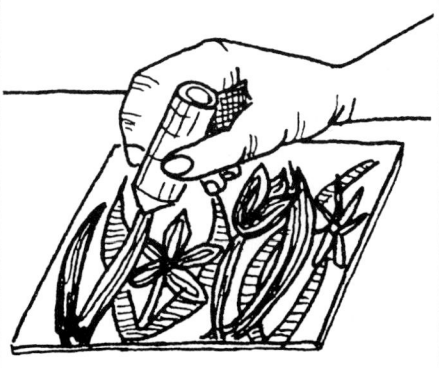

Lerninhalt
Feinmotorische Fertigkeiten, visuelles Gedächtnis, Figur-Grundverhältnis, Raumverhältnis, Tiefenwahrnehmung, Farbunterscheidung, Formunterscheidung, Geduld

Material
Zeichenpapier DIN A 4 oder 3, Saugpost-
Papier der gleichen Größe, Wachsstifte,
Zeitungspapier, Bügeleisen

Verfahren
1. Zeichne mit den Wachsstiften ein Bild auf
   dem Zeichenpapier (Du kannst auch die
   Flächen zwischen den Linien ausfüllen).
   Drücke dabei kräftig auf.
2. Lege sodann das saugende Papier auf
   das Zeichenblatt.
3. Lege Zeitungspapier darüber und bügele
   mit einem mittelheißen Bügeleisen darüber.
4. Ziehe dann das Saugpapier vorsichtig ab.
   Du siehst dann, daß die Wachsfarbe
   geschmolzen ist und sich auf das Saugpapier abgedrückt hat.

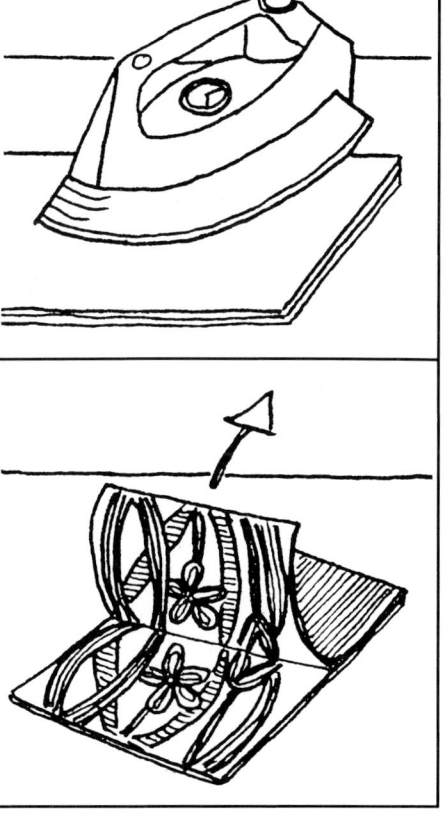

26	Kerzenauswaschbild

Lerninhalt
Feinmotorische Fertigkeiten, visuelles Gedächtnis, Gestaltformation, Figur-Grundverhältnis, Raumverhältnis, Tiefenwahrnehmung, Farbunterscheidung, Selbstausdruck

Material
Papier DIN A 4, weiße Kerze, Deckfarbe, Pinsel, Wasser, Wasserbecken

Verfahren
1. Überstreiche das Blatt gut deckend mit einer Farbe.
2. Nachdem die Farbe getrocknet ist, zeichne darauf mit Kerze.
3. Wasche dann die Farbe am Waschbecken wieder vorsichtig vom Papier.
4. Nachdem die Farbe um die Wachszeichnung weggewaschen ist oder sehr blaß geworden ist, ist sie unter dem Wachs umso besser sichtbar.

27	Absprengtechnik

Lerninhalt
Feinmotorische Fertigkeiten, visuelles Gedächtnis, Gestaltformation, Figur-Grundverhältnis, Raumverhältnis, Farbunterscheidung, Formunterscheidung, Selbstausdruck

Material
Papier DIN A 4, weiße Deckfarbe, schwarze Tusche, Pinsel

Verfahren
1. Zeichne gut deckend mit weißer Deckfarbe ein Bild in Strichen auf das Papier (Du kannst das Bild vorher auch vorsichtig mit Bleistift vorzeichnen und dann die Linien mit weißer Deckfarbe nachfahren).
2. Nachdem die weiße Farbe gut und vollständig getrocknet ist, überstreiche das gesamte Blatt (auch die weiße Farbzeichnung) mit schwarzer Tusche.
3. Die schwarze Tusche platzt beim Trocknen über den weißen Linien auf. Dadurch entsteht ein schönes Schwarz-Weiß-Bild.

28 | Stempelmosaik

Lerninhalt
Feinmotorische Fertigkeiten, Gestaltformation, Figur-Grundverhältnis, Raumverhältnis, Farbunterscheidung, Formunterscheidung, Selbstausdruck, Geduld

Material
Papier DIN A 4, als Material für die Stempel: farblose Plastikradiergummis, Kork, Styropor, ferner: Messer, Deck- oder Linolfarbe, Pinsel, Wasser

Verfahren
1. Schneide in die Materialien je ein verschiedenes Muster (Du kannst Dir ein reichhaltiges Arsenal von verschiedenen Stempelformen anlegen).
2. Probiere die verschiedenen Strukturen der verschiedenen Materialienstempel aus (Du kannst auch andere Materialien verwenden).
3. Bestreiche die Stempelformen gut mit dicker Farbe (vor dem Drucken die überschüssige Farbe gut abstreifen). Mit den Stempeln kannst Du Mosaike herstellen, Muster, aber auch gegenständliche Objekte, wie Tiere usw.

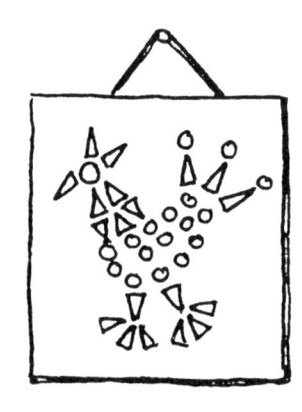

| **29** | **Nagelbild** |

Lerninhalt
Feinmotorische Fertigkeiten, Körperbewußtsein, Gestaltformation, Figur-Grundverhältnis, Raumverhältnis, Tiefenwahrnehmung,
Formunterscheidung, Richtungsunterscheidung, Bewegungsaktivität, Selbstausdruck,
Geduld

Material
Unterlage aus weichem Holz oder Styropor,
Hammer, Nägel (mit breitem Kopf, 3 bis 5 cm
lang)

Verfahren
1. Denke Dir eine geometrische Form aus,
   zu der Du die Nägel anordnen willst.
2. Wenn Du eine Holzunterlage hast: Schla-
   ge die Nägel mit dem Hammer ein —
   aber nur so weit, daß sie fest sind, der
   Stiel soll aber so weit wie möglich heraus-
   schauen. Wenn Du eine Styroporunterlage hast, ist das ganz leicht zu machen.
3. Wenn Du willst, kannst Du die Nägel mit
   Dispersionsfarbe bemalen.

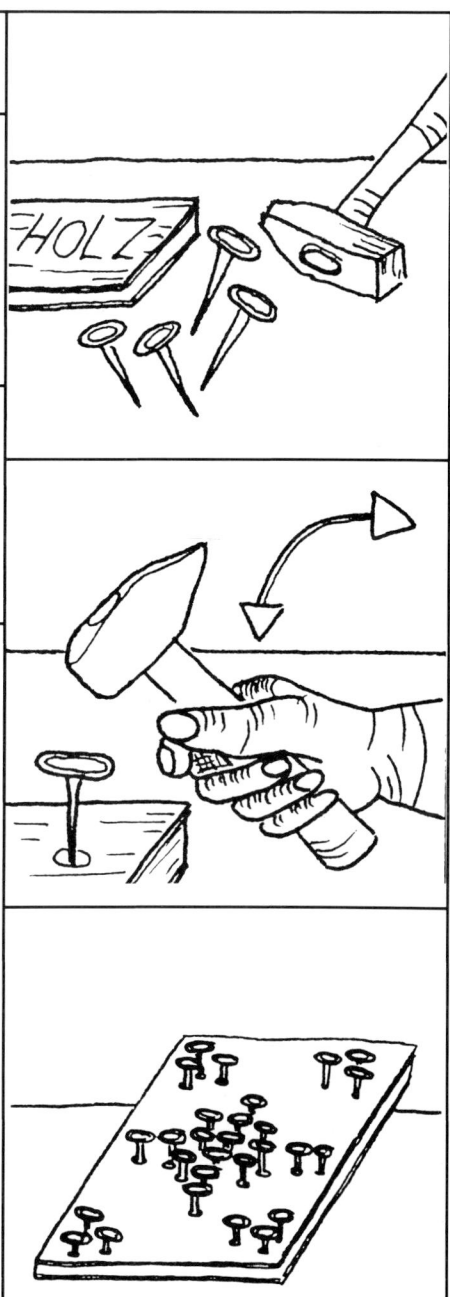

30	Collage aus Papierpünktchen

Lerninhalt
Feinmotorische Fertigkeiten, Gestaltformation, Figur-Grundverhältnis, Raumverhältnis, Farbunterscheidung, Formunterscheidung, Mengenunterscheidung, Richtungsunterscheidung, Gruppenarbeit, Selbstausdruck, Geduld

Material
Papierlocher, verschiedenfarbige Papiere, Leim, Papier DIN A 4

Verfahren
1. Loche die verschiedenfarbigen Papiere, trenne die verschiedenen Farben.
2. Ordne die Pünktchen auf dem Papier an, wie Du willst, also in verschiedenen Formen.
3. Streiche sodann ein anderes Blatt dünn mit Leim voll.
4. Lege das mit Leim bestrichene Blatt vorsichtig auf das andere Blatt (das mit den Papierpünktchen) und drücke es vorsichtig fest, damit das obere (mit dem Leim bestrichene) Blatt die Papierpünktchen aufnimmt.
5. Hebe dann das obere Blatt ab, damit es nicht mit dem unteren zusammenklebt.
6. Wenn Du willst, kannst Du das dann abgehobene Blatt noch an der einen oder anderen Stelle mit Pünktchen ergänzen.
7. Variation: Es ist auch möglich, erst ein Blatt mit Leim zu bestreichen und dann die Papierpünktchen auf die Stellen „schneien" zu lassen, wo Du sie haben möchtest.

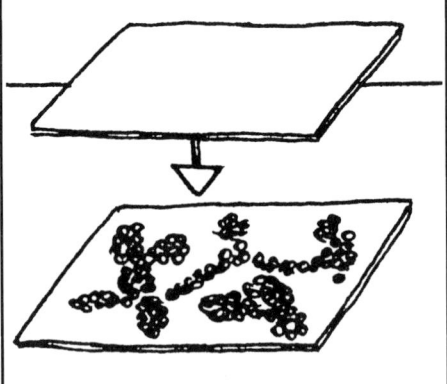

31	Gerissene Form

Lerninhalt
Feinmotorische Fertigkeiten, visuelles Gedächtnis, Umweltbewußtsein, Gestaltformation, Figur-Grundverhältnis, Raumverhältnis, Farbunterscheidung, Formunterscheidung, Selbstausdruck

Material
Verschiedene Sorten farbiger Papiere, wei-
ßes Papier DIN A 4, Kleber, Filzstifte

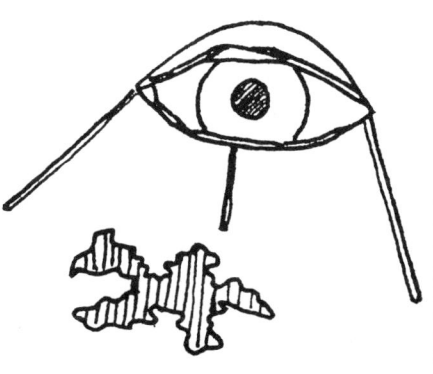

Verfahren
1. Reiße aus den verschiedenfarbigen und
   verschiedenartigen Papieren verschiedene Formen, die auch „abstrakt" sein können, also keine gegenständliche Form
   haben.
2. Sieh Dir diese Formen an. Vielleicht er-
   kennst Du etwas in ihnen, wenn Du sie
   z.B. drehst.
3. Klebe sodann die Form(en) auf das weiße
   Papier. Ergänze sie durch andere geris-
   sene Formen. Du kannst auch zu der
   Form mit Filzstiften hinzumalen, was Du
   möchtest.

| 32 | **Collage aus Luftschlangen** |

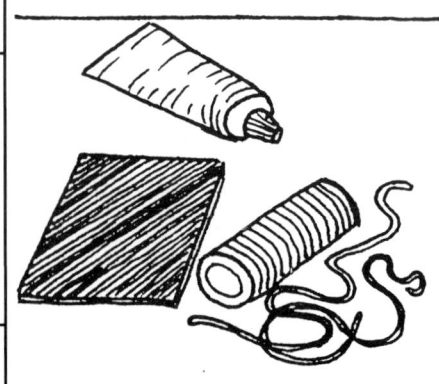

Lerninhalt
Feinmotorische Fertigkeiten, visuelles Gedächtnis, Gestaltformation, Figur-Grundverhältnis, Raumverhältnis, Farbunterscheidung, Formunterscheidung, Selbstausdruck, Geduld

Material
Schwarzer Karton als Untergrund, Luftschlangen, Kleber, Bleistift

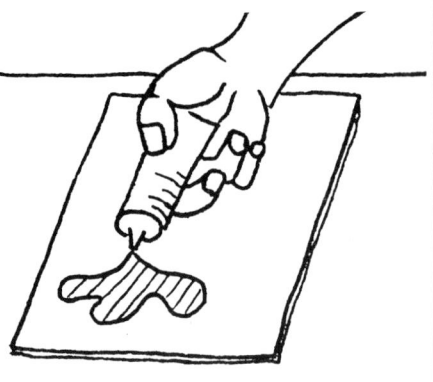

Verfahren
1. Reiße Dir die Luftschlangen in einige kleine Stücke zurecht.
2. Stelle Dir ungefähr vor, welches Bild Du aus ihnen kleben willst. Wenn Du willst, kannst Du auch mit Bleistift ein Bild vorzeichnen.
3. Klebe dann die Luftschlangenstückchen auf den schwarzen Karton.
4. Wenn Du ein Gesicht klebst, kannst Du für die Haare (Lockenhaare!) auch kleine Röllchen aus den Luftschlangen bilden oder z.B. mit solchen Röllchen Baumkronen plastischer machen oder bei einem Schäfchen die Wolle zum Anfassen machen oder . . .

33	Collage aus Stoff- und Nähmaterial

Lerninhalt

Feinmotorische Fertigkeiten, Umweltbewußtsein, Gestaltformation, Figur-Grundverhältnis, Raumverhältnis, Farbunterscheidung, Formunterscheidung, Mengenunterscheidung, Gruppenarbeit, Selbstausdruck, Geduld

Material

Restmaterial aus dem Nähkorb (Stoffteilchen, Garne, Wolle, Knöpfe usw.), Karton DIN A 4 oder 3, Kleber, Filzstifte

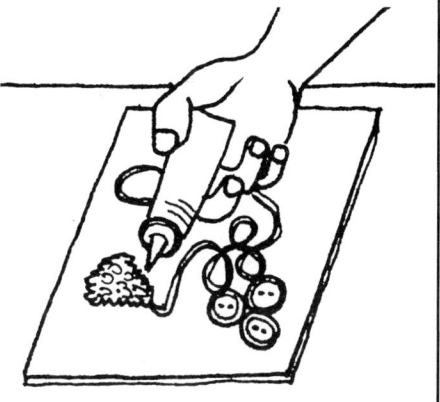

Verfahren

1. Ordne auf dem Karton zunächst lose die Gegenstände an so, wie Du sie haben möchtest. Wähle die aus, die Dir am geeignetsten erscheinen.
2. Klebe sodann die Gegenstände auf (Kleber auf den Karton geben und das Objekt daraufdrücken).
3. Wenn Du willst, kannst Du den Untergrund mit Farbe bemalen.
4. Variation: Gut eignen sich verschiedene Tapetenmuster, die Du aus einem Tapetenmusterbuch nehmen kannst (bei Tapetengeschäften, Inneneinrichtungsgeschäften usw. nachfragen).

34	Collage aus Körnern und Samen

Lerninhalt

Feinmotorische Fertigkeiten, Umweltbewußtsein, Gestaltformation, Figur-Grundverhältnis, Raumverhältnis, Tiefenwahrnehmung, Farbunterscheidung, Mengenunterscheidung, Richtungsunterscheidung, Gruppenzuordnung, Selbstausdruck, Geduld

Material

Verschiedene Körner und Samen (Erbsen, Linsen, Bohnen, Kaffeebohnen, Mais, Pfefferkörner, Senfkörner, Sonnenblumenkerne, Vogelfutter), Karton, Kleber, Bleistift

Verfahren

1. Zeichne Dir mit dem Bleistift auf dem Karton ein Bild mit verschiedenen Flächen.
2. Bestreiche jeweils eine Fläche mit Kleber und bringe eine Sorte der Körner darauf. Wiederhole diesen Vorgang mit den anderen Flächen und Körnern.

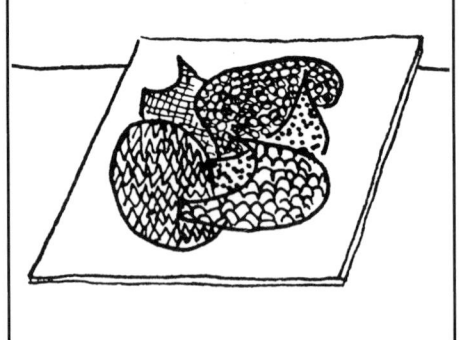

35	Collage aus Herbstblättern

Lerninhalt
Feinmotorische Fertigkeiten, Umweltbewußtsein, Gestaltformation, Figur-Grundverhältnis, Raumverhältnis, Tiefenwahrnehmung, Farbunterscheidung, Formunterscheidung

Material
Verschiedene Herbstblätter, Nadeln von Nadelbäumen, Papier DIN A 4 oder 3 (möglichst schwarz oder mit anderer Farbe), Alleskleber

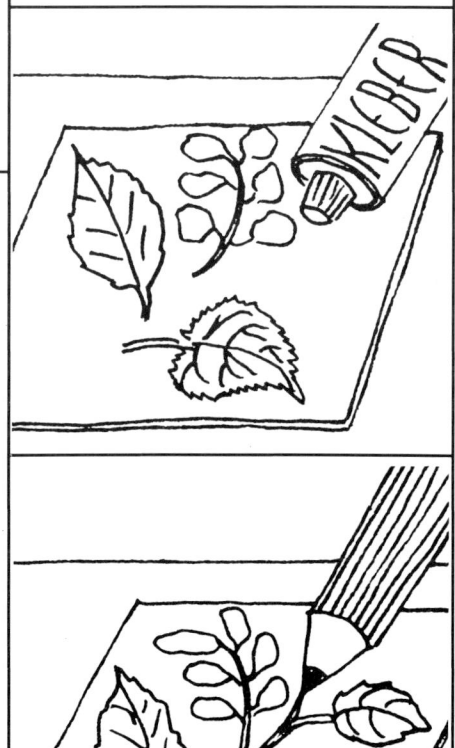

Verfahren
1. Denke Dir aus, wie Du die Blätter (oder Nadeln) anordnen möchtest.
2. Klebe dann die Blätter (oder Nadeln) auf das Papier.
3. Wenn Du willst, kannst Du das entstandene Klebebild ergänzen, indem Du mit Filzstiften z.B. Zweigchen oder andere Blätter dazumalst.

36 | Transparente Naturcollage

Lerninhalt

Feinmotorische Fertigkeiten, Umweltbewußtsein, Gestaltformation, Figur-Grundverhältnis, Raumverhältnis, Farbunterscheidung, Formunterscheidung, Gruppenzuordnung, Selbstausdruck, Geduld

Material

Durchsichtiges Wachspapier (farbig), Zeitungspapier, flache Naturgegenstände (z.B. Blätter, gepreßtes Unkraut, flache Körner usw.), Bügeleisen

Verfahren

1. Ordne verschiedene Naturmaterialien auf einem Blatt durchsichtigen Wachspapiers an, das auf Zeitungspapier liegt.
2. Lege ein zweites Blatt Wachspapier darüber.
3. Über diese doppelte Lage von Wachspapier legst Du Zeitungspapier und bügelst mit einem mittelheißen Bügeleisen darüber. Achte darauf, daß durch die Wärme die beiden Wachspapierblätter zusammengeschweißt und dadurch die Samen und Körner eingeschweißt sind.
4. Man sieht das fertige Produkt am besten, wenn man es gegen das Licht hält, z.B. an das Fenster mit Tesafilm klebt.

37 | Malen mit Overhead-Projektor

Lerninhalt

Visuelles Gedächtnis, Körperbewußtsein, Umweltbewußtsein, Gestaltformation, Figur-Grundverhältnis, Raumverhältnis, Tiefenwahrnehmung, Farbunterscheidung, Formunterscheidung, Richtungsunterscheidung, Gruppenarbeiten, Bewegungsaktivität, emotionales Ventil, Selbstausdruck

Material

Overhead-Projektor, Klarsichtfolie, Speiseöl, Deckfarbe, Pinsel, Wasser, andere Materialien wie Bindfaden, Asche usw., Filzstifte, Papier DIN A 4 oder 3

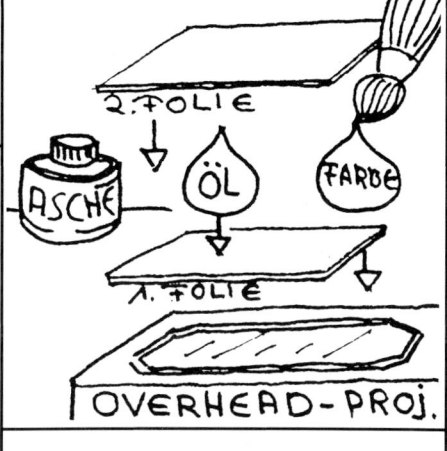

Verfahren

1. Der Overhead-Projektor wird aufgestellt und eingeschaltet.
2. Auf dessen Glasplatte wird eine Klarsichtfolie gelegt.
3. Auf diese Klarsichtfolie wird etwas Speiseöl gegeben, dazu mit dem Pinsel etwas Deckfarbe (nicht zu viel, es können verschiedene Farben verwendet werden).
4. Auf diese Klarsichtfolie wird eine zweite Klarsichtfolie gelegt. Durch sanften Druck entstehen verschiedene, sich verändernde Formen und Farbkombinationen.
5. Zwischen die Folien können zusätzlich auch kleine flache Objekte gelegt werden, z.B. Asche, Bindfaden usw. Dadurch werden die Bilder noch fantastischer.
6. Du kannst Dich durch die sich ständig verändernden Bilder zu eigenen Bildern anregen lassen, die Du mit Deckfarben und/oder Filzstiften auf das Papier bringen kannst.
7. Noch mehr Spaß macht es, wenn während des ganzen Vorgangs Musik gespielt wird.

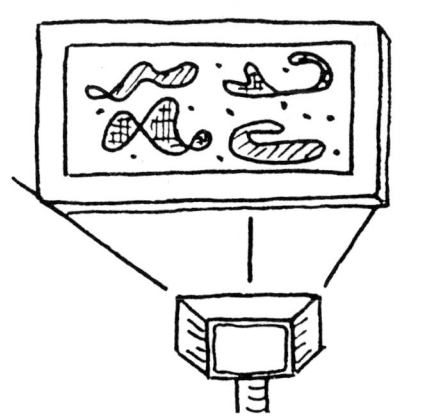

38	Schattenspiele

Lerninhalt
Visuelles Gedächtnis, Körperbewußtsein, Gestaltformation, Figur-Grundverhältnis, Raumverhältnis, Tiefenwahrnehmung, Farbunterscheidung, Formunterscheidung, Richtungsunterscheidung, Gruppenarbeit, Bewegungsaktivität, emotionales Ventil, Selbstausdruck,

Material
Diaprojektor, Papier DIN A 4 oder 3, Filzstifte, Deckfarben, Pinsel, Wasser

Verfahren
1. Halte Deine Hand in den Lichtkegel des Diaprojektors. Spiele dabei mit den Fingern; dadurch entstehen verschiedene fantastische Figuren.
2. Lasse Dich dadurch zu Fantasiegebilden anregen: Zeichnet und malt die Figuren, die Ihr seht und zu denen Ihr angeregt werdet, auf das Papier.
3. Ihr könnt Euch auch mit dem ganzen Körper in den Lichtkegel des Projektors stellen oder nur mit dem Kopf oder einem anderen Körperteil. Dreht Euch dabei; dadurch entstehen laufend neue Figuren.

39	Buchstabenmobile

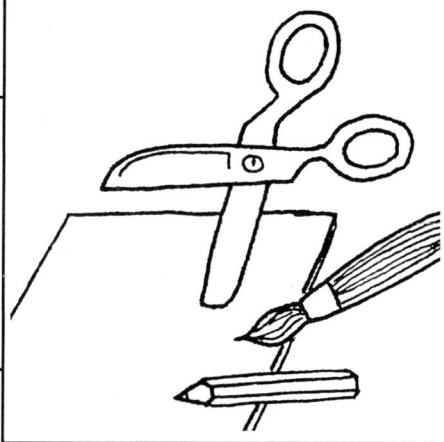

Lerninhalt

Feinmotorische Fertigkeiten, Raumverhältnis, Tiefenwahrnehmung, Farbunterscheidung, Formunterscheidung, Richtungsunterscheidung, Gruppenarbeit, Geduld, Lesefähigkeit

Material

Karton oder dünne Styroporplatte, Schere und Messer, Plakatfarbe, Wasser, Pinsel, Draht, Faden

Verfahren

1. Zeichne Dir große Buchstaben auf den Karton oder (noch schöner) auf die dünne Styroporplatte und schneide sie mit der Schere (beim Karton) oder mit dem Messer (beim Styropor) aus.
2. Male jeden Buchstaben mit Farbe an.
3. So kannst Du (zusammen mit Deinen Mitschülern) alle Buchstaben des Alphabets durchmachen.
4. Hänge die Buchstaben an Fäden und Drahtstücken wie ein Mobile auf.

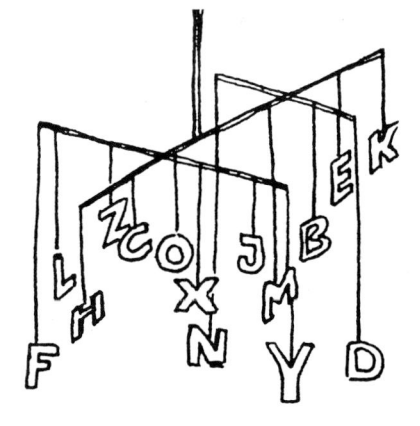

40 | Buchstaben-Puzzle

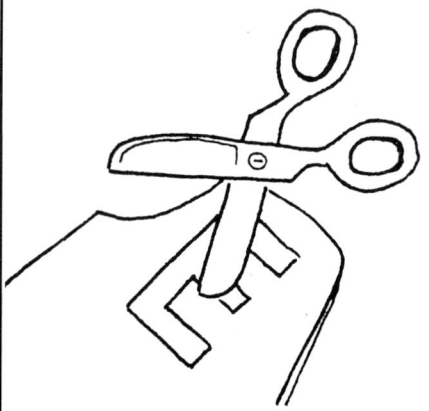

Lerninhalt
Feinmotorische Fertigkeiten, Raumverhältnis, Farbunterscheidung, Formunterscheidung, Richtungsunterscheidung, Lesefähigkeit

Material
Karton, Schere, Stift, Filzstifte

Verfahren
1. Zeichne große Buchstaben auf dem Karton auf.
2. Schneide sie dann mit der Schere aus.
3. Schneide jeden Buchstaben in zwei oder
   drei oder vier Stücke.
4. Mische die geschnittenen Teile. Du hast
   jetzt ein Buchstaben-Puzzle, aus dem Du
   die Buchstaben zusammensetzen
   kannst.

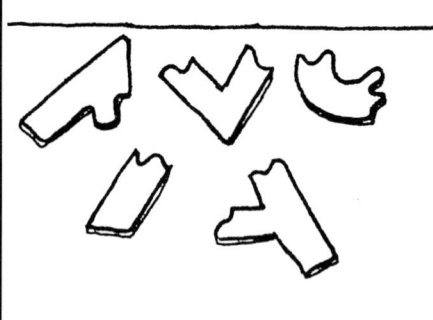

41	Gipsplastik

Lerninhalt
Feinmotorische Fertigkeiten, visuelles Gedächtnis, Körperbewußtsein, Umweltbewußtsein, Gestaltformation, Tiefenwahrnehmung, Farbunterscheidung, Formunterscheidung, Richtungsunterscheidung, emotionales Ventil, Selbstausdruck

Material
Gips, Wasser, Anrührgefäß, Kratzwerkzeug, Schmirgelpapier, kleine Schachtel (z.B. Zigarettenschachtel oder Kleinverpackungsschachtel), Pinsel, Plakafarbe, Zeitungspapierpacken

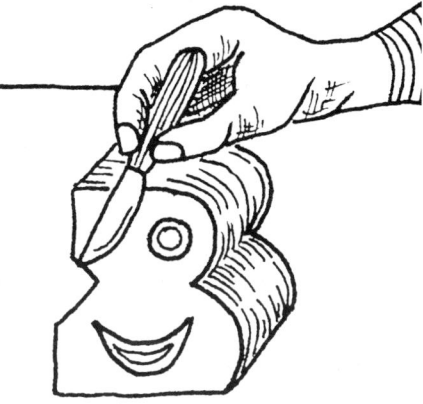

Verfahren
1. Rühre eine Gipsmasse an und gieße diese in die Schachtel.
2. Wenn die Gipsmasse getrocknet ist (am besten einen Tag warten; sie sollte auf einem Zeitungspapierpacken stehen, damit die Flüssigkeit nicht auf den Tisch gelangt), kannst Du die aufgeweichte Schachtel leicht abziehen.
3. Nunmehr kannst Du den entstandenen Gipsblock bearbeiten und aus ihm eine Plastik machen. Die Grobarbeit machst Du mit einem Messer, Spachtel usw. (es geht leichter, wenn Du den Gips anfeuchtest). Zum Glätten benützt Du das Schmirgelpapier (dann muß der Gips aber trocken sein).
4. Die fertige Form kannst Du mit Plakafarben anmalen.

42 | Gipsinlay

Lerninhalt
Feinmotorische Fertigkeiten, Umweltbewußtsein, Gestaltformation, Figur-Grundverhältnis, Raumverhältnis, Tiefenwahrnehmung, Formunterscheidung, Richtungsunterscheidung, Selbstausdruck, Geduld

Material
Gips, Wasser, Anrührform, flache Karton-
schachtel (z.B. Oberteil einer Schuhschach-
tel), Kratzwerkzeug, Deckfarbe, Pinsel, Zeitungspapierpacken

Verfahren
1. Rühre im Rührgefäß eine dünne Gipsmasse an und fülle sie so in die Schachtel, daß die Oberfläche glatt ist (damit die
   Flüssigkeit nicht auf den Tisch durch-
   dringt, stelle den Karton auf einen Zeitungspapierpacken).
2. Lasse die Masse trocknen.
3. Ritze in die noch nicht ganz trockene
   Gipsplatte eine Zeichnung ein.
4. Die Linien kannst Du mit Farbe nach-
   zeichnen (dann muß allerdings die Gipsplatte ganz trocken sein).
5. Nimm dann die getrocknete Gipsplatte
   aus der Schachtel.
6. Variation: In die feuchte Gipsplatte
   kannst Du auch kleine Gegenstände eindrücken, wie Perlen, Muscheln, kleines
   Spielzeug. Dadurch bildet sich ein Relief.
   Wenn Du willst, kannst Du die Zwischen-
   räume zwischen den Objekten bemalen.

43	Gipsabdruck

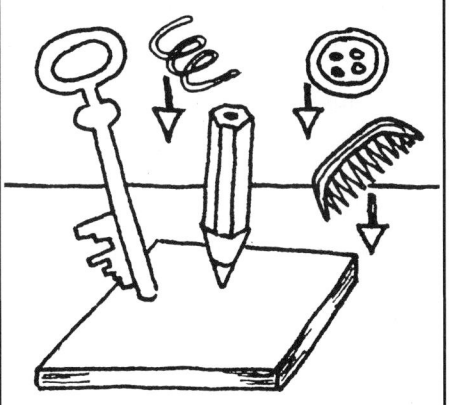

Lerninhalt

Feinmotorische Fertigkeiten, Umweltbewußtsein, Gestaltformation, Figur-Grundverhältnis, Tiefenwahrnehmung, Farbunterscheidung, Formunterscheidung, Mengenunterscheidung, Richtungsunterscheidung, Geduld

Material

Ton oder Plastillin, Gips, Wasser, Mischgefäß, Schuhkarton oder Rahmen aus Styropor, kleine Objekte wie Schrauben, Schlüssel, Knöpfe usw.

Verfahren

1. Forme eine Platte aus Ton oder Styropor. Drücke auf diese Platte kleine Objekte, wie Schrauben, Schlüssel, Knöpfe usw. tief ein. Nimm sie dann wieder ab. Es soll also nur die Form abgedrückt sein.
2. Lege die Platte in einen Schuhkarton oder in eine Styroporpackung.
3. Bestreiche die Ton- oder Plastillinplatte gut mit Öl, damit sich die aufgegossene Gipsmasse gut löst.
4. Rühre Gips an und gieße ihn auf die Ton-/Plastillinplatte.
5. Lasse die Gipsschicht trocknen (am besten einen Tag) und trenne die Gipsform dann von der Ton-/Plastillinplatte.
6. Nun erscheinen die abgedrückten kleinen Gegenstände positiv. Du kannst sie nun anmalen.

44	**Plastisches Arbeiten mit Gips:** **Gips quetschen**

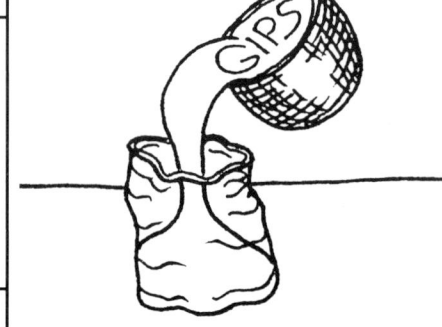

Lerninhalt
Feinmotorische Fertigkeiten, Körperbewußt-
sein, Gestaltformation, Raumverhältnis,
Tiefenwahrnehmung, Formunterscheidung,
Richtungsunterscheidung, Bewegungsakti-
vität, emotionales Ventil, Selbstausdruck

Material
Platikbeutel (Gefrierbeutel), Gips, Wasser,
Anrührgefäß, Deck- oder Plakafarbe, Pinsel

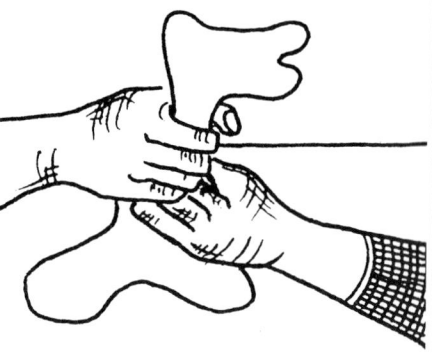

Verfahren
1. Rühre den Gips im Rührgefäß mit Wasser
   an.
2. Fülle die dünnflüssige Gipsmasse in den
   Plastikbeutel.
3. Knete und quetsche den Gips im Plastikbeutel hin und her, damit sich bizarre Formen bilden.
4. Wenn die Gipsmasse getrocknet ist, ziehe den Plastikbeutel von der Gipsform.
   Wenn Du willst, kannst Du die Gipsform
   mit Schmirgelpapier glätten.
5. Diese Gipsform kannst Du nun mit Farbe
   bemalen, z.B. ein Monster daraus machen oder Muster aufmalen.
6. Variation: Du kannst einen Marmoreffekt
   dadurch erreichen, daß Du einige Tropfen flüssiger Farbe in die flüssige Gipsmasse gibst und dann sanft umrührst,
   damit ein Wirbel entsteht; die Farbe darf
   also nicht ganz in die Gipsmasse verrührt
   werden.

| 45 | Gipsabguß in Sand |

Lerninhalt
Feinmotorische Fertigkeiten, Körperbewußt-
sein, Gestaltformation, Raumverhältnis,
Farbunterscheidung, Formunterscheidung,
Richtungsunterscheidung, emotionales Ven-
til, Selbstausdruck, Geduld

Material
Sand in einer Kiste, Gips, Wasser, Plakafarbe, Pinsel, Spachtel, Schmirgelpapier,
Anrührgefäß (aus Gummi oder leicht formbarem Kunststoff)

Verfahren
1. Feuchte den Sand in einer Kiste an (er
   darf aber nicht zu feucht sein).
2. Mache in einem Anrührgefäß (Halbkugel
   aus Gummi oder leicht formbarem Kunststoff) einen dünnflüssigen Gips an.
3. Drücke Deine Finger oder Deine Hand
   tief in den Sand ein und ziehe sie vorsichtig wieder heraus.
4. Gieße dann den dünnflüssigen Gipsbrei
   in die Form im Sand so, daß die Form
   ganz ausgefüllt ist.
5. Lasse den Gips am besten einen Tag
   lang trocknen.
6. Dann nimm die Gipsform aus dem Sand
   und reinige sie sorgfältig vom Sand. Mit
   einem Messer oder einer Spachtel kannst
   Du Unebenheiten beseitigen und mit fei-
   nem Schmirgelpapier glätten.
7. Wenn Du willst, kannst Du die Finger
   oder die Hand mit Plakafarbe anmalen
   (z.B. einen buntgemusterten Handschuh).
8. Du kannst aber auch in die flüssige Gipsmasse kurz Farbe einrühren; dann ergibt
   sich ein Marmoreffekt.

46	Sandintarsie

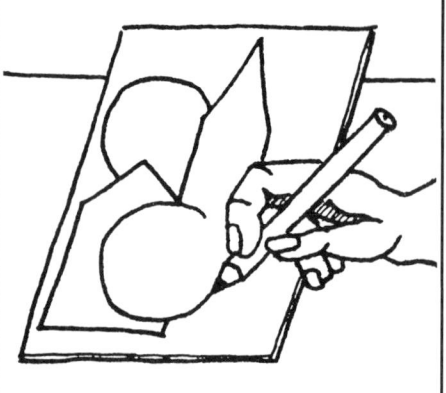

Lerninhalt
Feinmotorische Fertigkeiten, Umweltbewußtsein, Gestaltformation, Figur-Grundverhältnis, Raumverhältnis, Formunterscheidung, Mengenunterscheidung, Selbstausdruck, Geduld

Material
Sand, Pulverfarben, Holzleim, Malkarton
DIN A 3, Rührgefäß und -löffel

Verfahren
1. Zeichne auf dem Malkarton eine Figur mit
   großen Flächen (geometrische Figuren,
   stilisierte Häuserformen oder nichtgegenständliche Objekte).
2. Mische verschiedene kleine Sandmen-
   gen mit Kleister und je einer verschiedenen Farbe für die verschiedenen Flächen
   (die Masse muß eher zähflüssig sein).
3. Trage mit einem kleinen Löffel oder
   Spachtel die verschiedenfarbigen Mas-
   sen auf die verschiedenen Teilflächen
   der Zeichnung dünn (ca. 1 – 2 mm) auf.

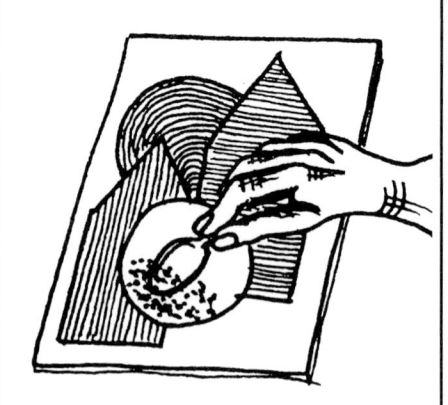

47	Pfeifenreiniger-Plastik

Lerninhalt
Feinmotorische Fertigkeiten, Körperbewußtsein, Gestaltformation, Raumverhältnis, Tiefenwahrnehmung, Formunterscheidung, Richtungsunterscheidung, Selbstausdruck, Geduld

Material
Pfeifenreiniger, Schere, Styropor als Unterlage, Alleskleber, Deckfarbe, Pinsel, Wasser.

Verfahren
1. Probiere die Pfeifenreiniger zuerst aus: Biege und drehe sie; dabei wird Dir einfallen, was Du aus ihnen formen kannst (z.B. eine Giraffe).
2. Forme dann ein Gebilde. Dazu kannst Du die Pfeifenreiniger auch auseinanderschneiden und Teile mit dem Alleskleber zusammenleimen.
3. Stecke die Plastik in eine Styroporunterlage.
4. Die fertige Plastik kannst Du mit Deckfarbe anmalen.

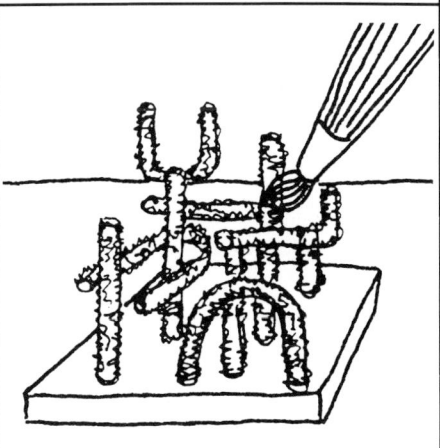

48	Drahtplastik mit Gipsbinden

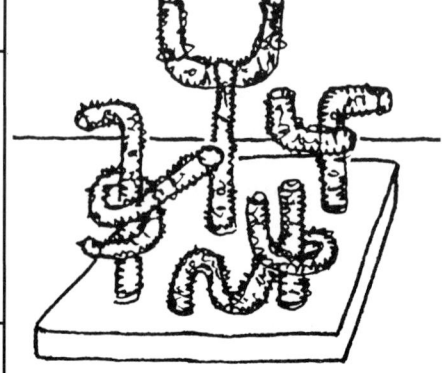

Lerninhalt
Feinmotorische Fertigkeiten, Körperbewußt-
sein, Gestaltformation, Raumverhältnis,
Tiefenwahrnehmung, Farbunterscheidung,
Formunterscheidung, Richtungsunterschei-
dung, Selbstausdruck, Geduld

Material
Pfeifenreiniger, Styroporplatte als Unterlage, Schere, Alleskleber, Gipsbinden, Wasser, Deckfarbe, Pinsel

Verfahren
1. Stelle eine Plastik aus Pfeifenreinigern
   her (siehe hierzu Nr. 47).
2. Schneide von der Gipsbinde kleine
   Stückchen ab, wickele sie um die einzelnen Teile der Plastik — dort, wo Du die
   Plastik „ausbauen" willst. Befeuchte dabei die Gipsstreifen mit Wasser und
   streiche sie glatt.
3. Anschließend kannst Du die Plastik bemalen.

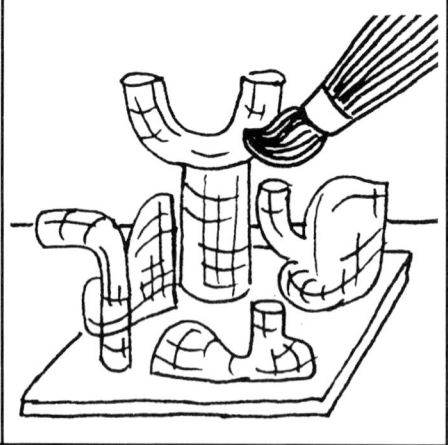

49	Plastik aus Puzzlestücken

Lerninhalt
Feinmotorische Fertigkeiten, Körperbewußtsein, Gestaltformation, Raumverhältnis, Tiefenwahrnehmung, Farbunterscheidung, Formunterscheidung, Richtungsunterscheidung, Geduld

Material
Puzzle-Stücke (von einem Kleinkinderpuzzle mit großen Stücken), Kleber, Unterlage aus Karton oder Styropor, Akrylfarbe

Verfahren
1. Klebe die Puzzlestücke aufeinander, zunächst etwas breiter, damit sie eine gute Grundlage haben und die Plastik einen guten Halt hat.
2. Klebe die Puzzlestücke so aufeinander, daß sie wie eine Spirale nach oben führen.
3. Du kannst dann oben eine Figur aufbauen, z.B. ein Flugzeug.
4. Male danach die Plastik mit Farbe an.

50	**Plastik aus Kämmen und Kunststoffgabeln**

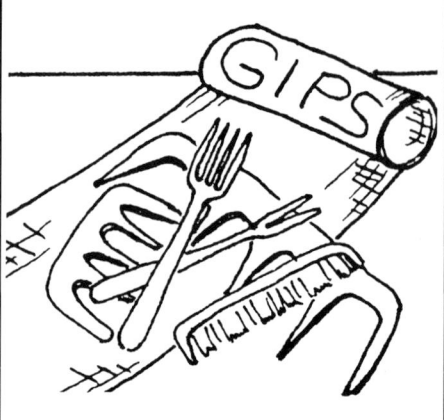

Lerninhalt
Feinmotorische Fertigkeiten, Körperbewußt-sein, Umweltbewußtsein, Gestaltformation, Raumverhältnis, Tiefenwahrnehmung, Farb-unterscheidung, Formunterscheidung, Rich-tungsunterscheidung, Selbstausdruck, Ge-duld

Material
Kunststoffgabeln, alte (auch zerbrochene) Kämme, Styroporunterlage, Gipsbinden, Plakafarbe, Pinsel

Verfahren
1. Stecke die Gabeln (am besten den Stiel abbrechen) und die abgebrochenen Kämme in verschiedenen Winkeln und Ebenen zusammen.
2. Verankere das bizarre Gebilde auf einer Styroporunterlage.
3. Wenn Du willst kannst Du die Plastik mit Stücken von der Gipsbinde (anfeuchten!) verkleiden und anschließend bemalen.

| **51** | **Plastik aus Steinchen** |

Lerninhalt

Feinmotorische Fertigkeiten, visuelles Gedächtnis, Körperbewußtsein, Umweltbewußtsein, Gestaltformation, Raumverhältnis, Tiefenwahrnehmung, Farbunterscheidung, Formunterscheidung, Richtungsunterscheidung, Selbstausdruck, Geduld

Material

Kleine Steinchen, Kiesel, usw. Alleskleber, Styroporunterlage, Plakafarbe, Pinsel, Wasser

Verfahren

1. Probiere aus, was Du aus den Steinchen bauen kannst (das müssen nicht gegenständliche Formen sein).
2. Klebe dann die Steinchen mit einem Alleskleber zusammen.
3. Anschließend kannst Du die Steinfiguren mit Plakafarbe anmalen.

52	**Plastik** **aus Kleinverpackungsmaterial**

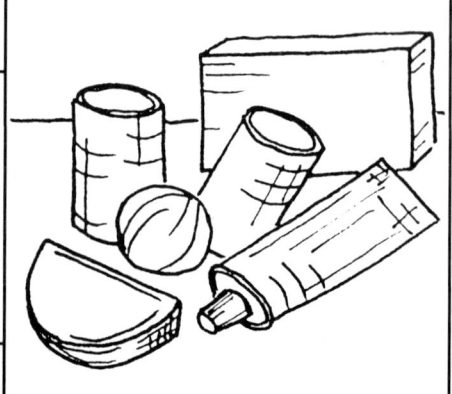

Lerninhalt

Feinmotorische Fertigkeiten, visuelles Gedächtnis, Körperbewußtsein, Umweltbewußtsein, Gestaltformation, Raumverhältnis, Tiefenwahrnehmung, Farbunterscheidung, Formunterscheidung, Richtungsunterscheidung, Selbstausdruck, Geduld

Material

Kleines Verpackungsmaterial (kleine Schachteln, Plastikverschlüsse usw.), Alleskleber, Styroporunterlage, Gipsbinden, Wasser, Schere, Plakafarben, Pinsel

Verfahren

1. Spiele mit dem „Abfallmaterial" und überlege Dir dabei, was Du aus ihm formen kannst, indem Du die einzelnen Teile zusammenfügst, z.B. Fantasiehäuser, Roboter usw.
2. Klebe dann nach Deinen Vorstellungen die verschiedenen Teile zusammen. Zur Stabilisierung, aber auch zur Verkleidung kannst Du Gipsbinden verwenden, die Du von der Rolle schneidest und mit Wasser anfeuchtest und mit denen Du dann Teile umwickeln kannst.
3. Das fertige Gebilde bemale mit Plakafarben.

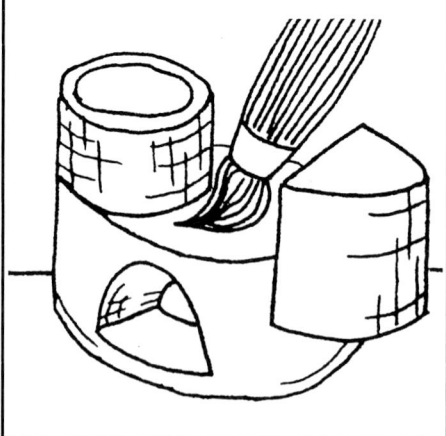

53	Maske aus Alu-Folie

Lerninhalt
Feinmotorische Fertigkeiten, visuelles Gedächtnis, Körperbewußtsein, Gestaltformation, Raumverhältnis, Tiefenwahrnehmung, Farbunterscheidung, Formunterscheidung, Gruppenarbeit, emotionales Ventil, Selbstausdruck, Geduld

Material
Haushalts-Alufolie, Nudelholz, Schere, Akryl- oder Dispersionsfarbe, Pinsel, (Gummi-)Faden

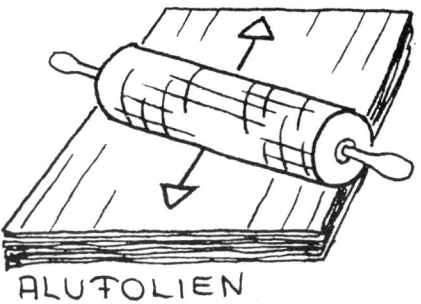

Verfahren
1. Lege 4 oder 5 Lagen Haushaltsalufolie aufeinander. Drücke die Lagen gut zusammen, z.B. mit einem Nudelholz.
2. Drücke die Folie fest auf Dein Gesicht, damit alle Gesichtsteile gut in die Folie eingedrückt werden, vor allem Nase, Mund, Augen.
3. Schneide Augen und Mund aus der Folie. Schneide die Kanten ab, damit eine ovale Gesichtsform entsteht.
4. Male die Maske mit Akryl- oder Dispersionsfarbe an.
5. Bringe an beiden Seiten der Maske einen (Gummi-)Faden an, damit Du die Maske überziehen kannst.

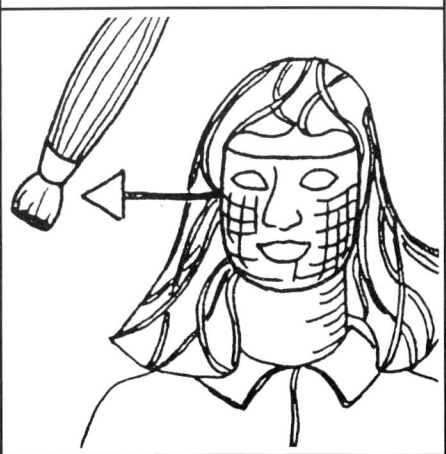

54 | Maske aus Papiertüte

Lerninhalt
Feinmotorische Fertigkeiten, Körperbewußtsein, Gestaltformation, Raumverhältnis, Tiefenwahrnehmung, Farbunterscheidung, Formunterscheidung, Richtungsunterscheidung, Gruppenarbeit, emotionales Ventil,
Selbstausdruck, Geduld

Material
Große Papiertüte, die über den Kopf paßt
(auf keinen Fall eine Plastiktüte!!), Wolle-
und Stoffreste, Schere, Klebstoff, Deckfarbe, Pinsel

Verfahren
1. Ziehe die Papiertüte über den Kopf und
   markiere mit einem Stift die Augen und
   den Mund (laß Dir dabei helfen!).
2. Ziehe die Tüte wieder vom Kopf und
   schneide Augen und Mund aus.
3. Bemale die Tüte mit Farben. Klebe Woll-
   und Stoffreste an, um Haare, Bart,
   Augenbrauen usw. zu markieren.

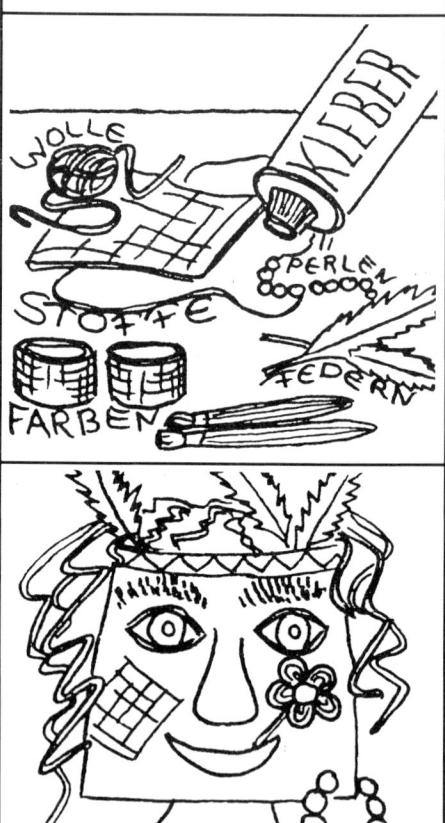

55 | Puppe aus Papiertüte

Lerninhalt
Feinmotorische Fertigkeiten, visuelles Gedächtnis, Körperbewußtsein, Gestaltformation, Raumverhältnis, Tiefenwahrnehmung, Farbunterscheidung, Formunterscheidung, Richtungsunterscheidung, emotionales Ventil, Selbstausdruck, Geduld

Material
Papiertüte, die unten rechteckig ist, Buntpapier (Du kannst aber auch Krepp-Papier nehmen, das Du anmalst), Kleber, Farbe, Pinsel, Schere

Verfahren
1. Denke Dir einen Kopf aus, z.B. eine Katze.
2. Schneide Formen aus Papier für Ohren, die Zunge usw.
3. Bemale den Boden der Tüte mit Augen und Nase. Noch schöner wird das „Gesicht" der Katze, wenn Du die Augen ausschneidest und innen Buntpapier darunter klebst.
4. Klebe dann Ohren und Zunge an.
5. Du kannst mit der Puppe, Katze, oder was Du auch immer gemacht hast, spielen, indem Du mit der Hand in die Tüte reinfährst und den Boden der Tüte bewegst.

56 | Puppe aus Socken

Lerninhalt

Feinmotorische Fertigkeiten, visuelles Gedächtnis, Körperbewußtsein, Umweltbewußtsein, Gestaltformation, Raumverhältnis, Tiefenwahrnehmung, Farbunterscheidung, Formunterscheidung, Gruppenarbeit, Selbstausdruck, Geduld

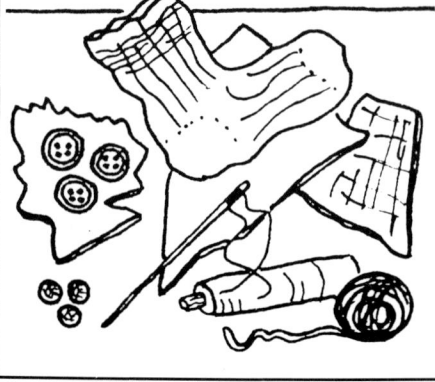

Material

Alte Socken, Nadeln, Knöpfe, Stoff- und Wollreste, Faden, Schere, Alleskleber

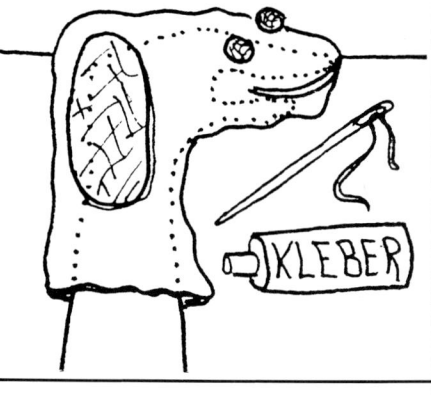

Verfahren

1. Ziehe den Socken über die Hand und probiere aus, wie man daraus eine Puppe machen könnte, indem man Stoff- und Wollreste hinzufügt.
2. Nähe oder klebe die Stoff- und Wollreste an, z.B. Wolle für die Haare, Stoffreste für die Kleidung, Knöpfe für die Augen usw.
3. Du kannst auch aus Stoffresten oder aus Buntpapier einen Hut formen und der Puppe aufsetzen.

57	Puppe aus alten Hausschuhen

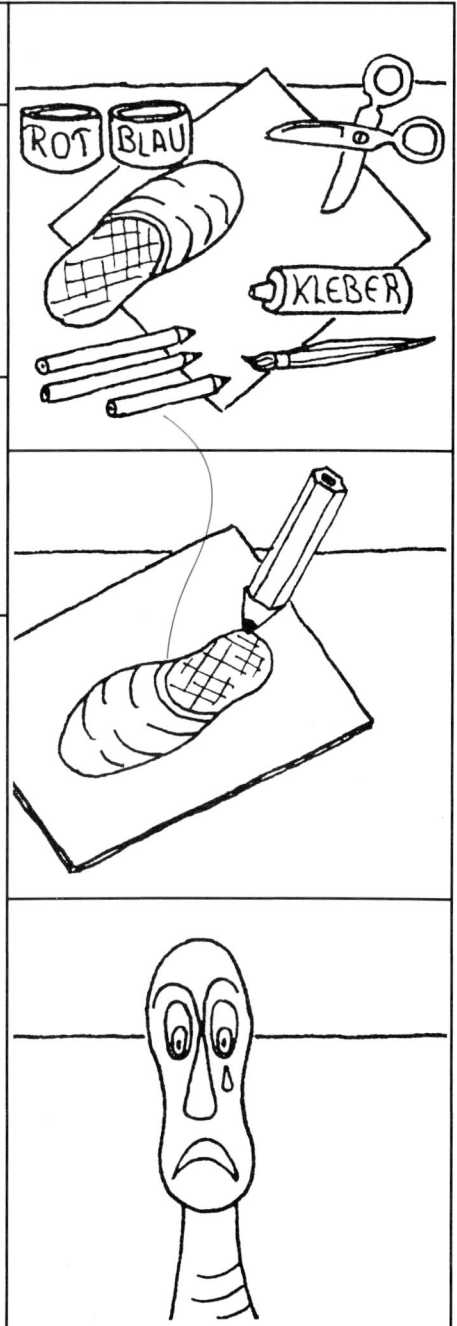

Lerninhalt

Feinmotorische Fertigkeiten, visuelles Gedächtnis, Körperbewußtsein, Umweltbewußtsein, Gestaltformation, Figur-Grundverhältnis, Raumverhältnis, Tiefenwahrnehmung, Farbunterscheidung, Formunterscheidung, emotionales Ventil, Selbstausdruck

Material

Alte Hauspantoffeln, Papier, Kleber, Deckfarbe, Pinsel, Wasser, Filzstifte

Verfahren

1. Lege die Sohle der Pantoffel auf ein Blatt Papier und zeichne die Umrandung nach.
2. Male darauf mit Farben und/oder Filzstift ein lustiges Gesicht.
3. Schneide die Gesichtsumrandung aus und klebe das Gesicht auf die Sohle des Pantoffels.
4. Fahre mit der Hand in die Pantoffel — schon hast Du eine Theaterpuppe.

58 | Fingerpuppe

Lerninhalt
Feinmotorische Fertigkeiten, visuelles Gedächtnis, Körperbewußtsein, Gestaltformation, Raumverhältnis, Tiefenwahrnehmung, Farbunterscheidung, Formunterscheidung, Richtungsunterscheidung, emotionales Ventil, Selbstausdruck

Material
Zeichenpapier, Schere, Kleber, Filzstifte

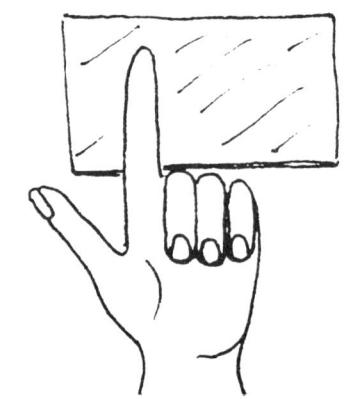

Verfahren
1. Wickle Papier um den Zeige- oder Mittelfinger und merke Dir, wieviel Papier Du brauchst, damit man den Finger einwickeln kann (natürlich kannst Du Dir dabei helfen lassen).
2. Schneide das entsprechende Papierstück aus.
3. Klebe das Papierstück so zusammen, daß Dein Finger hineinpaßt. Am besten geht das am Finger
4. Ziehe die Umhüllung wieder vom Finger, male ein Gesicht mit Filzstiften darauf.
5. So kannst Du verschiedene Puppen für Deine Finger fertigen und hast am Schluß eine ganze Schauspieltruppe.

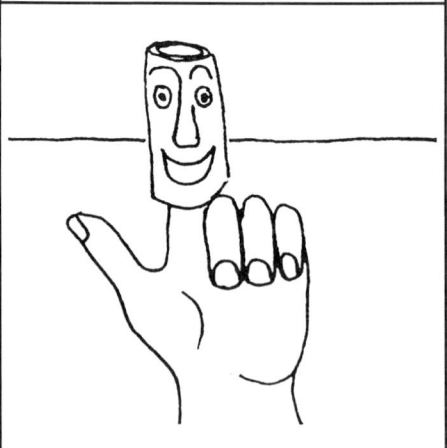

59	Styroporkopfpuppe

Lerninhalt
Feinmotorische Fertigkeiten, visuelles Gedächtnis, Körperbewußtsein, Gestaltformation, Raumverhältnis, Tiefenwahrnehmung, Farbunterscheidung, Formunterscheidung, Richtungsunterscheidung, Gruppenarbeit, Bewegungsaktivität, emotionales Ventil, Selbstausdruck

Material
Kleine Styroporkugel (zu kaufen in Hobbygeschäften), Leimkleber (keinen Alleskleber, weil dieser das Styropor auflöst!), Krepp-Papier, Schere, Woll- und Stoffreste, Stöckchen, Filzstifte

Verfahren
1. Male mit Filzstiften ein Gesicht auf die Styroporkugel.
2. Klebe Wollreste als Haare daran.
3. Ziehe die Puppe mit Stoffresten und/oder Krepp-Papier an (kannst Du zusammenkleben).
4. Stecke an die Unterseite der Styroporkugel ein Stöckchen, damit Du die Puppe bewegen kannst.

5. Didaktik einer ästhetischen Erziehung für Behinderte auf der Grundlage von bildnerischen Elementen

Kunstunterricht für Behinderte ist nur allzu oft von einem diffusen Mitleid getragen, das wiederum seinen Grund in einer Unkenntnis von den Fähigkeiten Behinderter hat. Um von diesen vagen Gefühlsmomenten wegzukommen, wird in diesem Kapitel eine Didaktik der Kunsterziehung für Behinderte auf der Grundlage von bildnerischen Elemten entwickelt. Linie, Form, Raum, Farbe, Struktur sowie Bewegung und Rhythmus sind grundlegende Bausteine, aus denen eine ästhetische Organisation gebildet werden kann, die wiederum dem Individuum eine Aussage über sich, die Umwelt und die eigenen Beziehungen hierzu ermöglicht. Ziel dieser Didaktik ist gleichermaßen die Entwicklung kognitiver wie bildnerischer Fähigkeiten und Fertigkeiten. Auch in diesem Kapitel kommt es darauf an, vielfältige praktische Vorschläge zur praktischen Umsetzung von Konzepten zu machen.

1. Lernbehinderte

1.1 Linie

1.1.1 Entwicklungserwartungen
Die Entwicklung der nachstehenden Lernziele in bezug auf die Linie kann zwischen einem und mehreren Jahren dauern. Einige Lernbehinderte mögen nur einige wenige Lernziele bewältigen und nur eine geringe Entwicklung erreichen.

1.1.2 Angestrebte kognitive Fähigkeiten
- Identifikation: Erkenne eine Linie.
- Diskrimination: Erkenne und lerne einige Linienunterschiede, z.B. gerade, gekrümmt, wellenförmig, gepünktelt, gebrochen, dick, dünn.
- Richtungserkennen: Erkenne Linienrichtungen, z.B. vertikal (auf und ab), horizontal (seitlich), diagonal (schräg); Benutzen von Synonymen zur Identifikation der Richtung.
- Größenverhältnis: Erkenne Größenunterschiede, z.B. lang, kurz.
- Raumverhältnis: Verstehe, daß die Lage der Linien im Raum variiert, z.B. oberhalb/unterhalb, oben/unten, nahe/fern.
- Verstehe, daß Linien bei zwei- und dreidimensionalen bildnerischen Aktivitäten eingesetzt werden.
- Erkenne, daß sich überschneidende Linien Umrisse und Formen bilden.
- Identifiziere Linien bei Menschen, Tieren, Gegenständen und in der Umwelt.

1.1.3 Angestrebte Fertigkeiten und Fähigkeiten
- Adäquate Kontrolle bildnerischer Instrumente und Materialien, um verschiedene Arten von Linien hervorzubringen
- Anwendung der kognitiven Fähigkeiten auf bildnerische Aktiviäten
- Einsatz und Kontrolle von Linien, um zu kopieren sowie Buchstaben, Zahlen und einfache geometrische Zeichen hervorzubringen
- Benutzen von Linien, um Muster zu zeichnen.

1.1.4 Vorschläge zur praktischen Umsetzung
- Lasse die Schüler verschiedene Linien und Kritzel zeichnen.
- Lasse die Schüler durch Papierfalten das Herstellen von Linien erfahren.
- Lasse die Schüler einige der von ihnen auf das Papier gebrachten Linien ausschneiden und nach ihren verschiedenen Formen sortieren (gerade, gekrümmt, wellenförmig usw.).

1.2 Form

1.2.1 Entwicklungserwartungen
Es kann Jahre dauern, bis die nachstehend aufgeführten angestrebten Fertigkeiten und Fähigkeiten erzielt werden. Das Maß des Verstehens und der Fähigkeit zur Unterscheidung geometrischer Figuren und freier Formen hängt von dem Ausmaß der Retardation, der Beobachtungsfähigkeit, der Zahl der sensoriellen Stimuli und der Fähigkeit, Formen zu bilden und sich an Formen zu erinnern, ab. Der Fortschritt der Schüler auf dem Gebiet der Form entspricht der mentalen und sozialen Altersstufe, die bei jedem Schüler verschieden ist.

Auf der Primarstufe wird die Form normalerweise durch flache Umrisse dargestellt. Eine Ausnahme davon machen Rechtecke und Quadrate, die manchmal als dreidimensionale Formen dargestellt werden, indem eine weite flache Ebene hinzugefügt wird. Auf der Sekundarstufe sind einige Schüler in der Lage, die Tiefe einer Form zweidimensional durch Schattierung, überschneidende Linien, Richtungsänderungen und Details anzuzeigen. Das Maß dieser Fähigkeit ist bei jedem Schüler verschieden. Normalerweise stimmen ihre Zeichnungen in diesem Punkt mit ihrer mentalen Altersstufe überein. Allgemein sind Lernbehinderte durchaus in der Lage, die Form in dreidimensionale Bezüge umzusetzen.

1.2.2 Angestrebte kognitive Fähigkeiten
- Erkennt und kann grundlegende geometrische Umrisse und Formen unterscheiden;
- kann zwischen geometrischen und „freien" Formen unterscheiden;
- versteht, daß der Umriß zweidimensional und die Gestalt dreidimensional ist;
- erkennt Umrisse und Gestalten bei sich, in seinem Umfeld und in der Kunst;
- in der Sekundarstufe verstehen einige Schüler, daß eine Gestalt zeichnerisch durch Schattierung und Überschneidungen erzielt werden kann.

1.2.3 Angestrebte Fertigkeiten und Fähigkeiten
- Entwicklung der Fertigkeiten und der Koordination der Kontrolle von Bestandteilen, um Umrisse und Formen zu schaffen
- Fähigkeit, aus dem Gedächtnis Grundformen zu zeichnen
- Fähigkeit, Umriß und Gestalt für gegenständliche bildnerische Darstellungen, entsprechend den Fertigkeiten und dem Reifegrad, einzusetzen
- Fähigkeit, die oben beschriebenen kognitiven Fähigkeiten auf zwei- und dreidimensionale bildnerische Werke zu übertragen

1.2.4 Vorschläge zur praktischen Umsetzung

- Nutze wiederholte bildnerische Erfahrungen mit dreidimensionalen bildnerischen Projekten und Tastmaterial (dabei kommt es vor allem auf Dicke und Tiefe an), um eine Form zu entwickeln.
- Nutze sensorielle Stimuli und kinästhetische Erfahrungen, um die Beachtung der Umgebung zu erweitern, wobei auf die Erkennung von Umriß- und Formunterschieden bei Bildern, Büchern, Schachteln, Spielzeug usw. besonderes Gewicht gelegt wird, z.B. in einem Spiel, in dem ein bestimmter Umriß oder eine bestimmte Form in den Gegenständen der Umgebung, Kleidung der Mitspieler usw. gesucht wird.
- Klassifiziere und sortiere verschiedene Formen in der Umgebung, sowohl solche, die man in der Natur vorfindet, wie auch solche, die sich in Produkten finden.
- Lasse Umrisse zeichnen und ausschneiden; lasse diese zur Herstellung von Collagen verwenden; lasse die Schüler die Erfahrung der Überschneidung der Formen machen.
- Lasse die Schüler ausgeschnittene Formen zu Bildern von Häusern usw. kombinieren.
- Lasse die Schüler neben den geometrischen Formen auch frei erfundene Formen ausschneiden und sie zu Phantasiegebilden kombinieren.
- Verwende Formen aus der Natur, z.B. verschieden geformte Blätter, um damit vor allem nichtgegenständliche Bilder zu kleben.
- Zeige den Schülern Reproduktionen von Bildern von Kandinsky und diskutiere mit ihnen über die verschiedenen von ihm verwendeten geometrischen Formen.
- Zeige den Schülern wie man aus ausgeschnittenen Formen dreidimensionale Gestalten zusammenbauen kann.
- Lasse Schüler, die einen Mangel an Selbstvertrauen erkennen lassen, indem sie Hemmungen zeigen, die Formen zu gegenständlichen Darstellungen zu kombinieren, nichtgegenständliche Gebilde schaffen.
- Benutze Punktstrahler, um bei den Schülern durch die Schattenbildung von Gegenständen das Formverständnis zu fördern.

1.3 Raum

1.3.1 Entwicklungserwartungen

Es kann Jahre dauern, bis die nachstehend beschriebenen Fähigkeiten und Fertigkeiten in bezug auf den Raum sich bei Lernbehinderten einstellen. Ausmaß und Ziel der Entwicklung korrespondieren mit der Schwere der Retardation. Einige Schüler werden niemals mehr als ein rudimentäres Verständnis des Raumes und seiner Bedeutung erzielen.

1.3.2 Angestrebte kognitive Fähigkeiten

- Kennt seine eigene Position im Raum;
- erkennt die Position der verschiedenen Körperteile in der räumlichen Zuordnung zueinander;
- hat ein Verständnis für Tiefe (nah und fern), Entfernung (hoch und niedrig), Richtung (links/rechts, oben/unten, darüber/darunter);

- versteht, daß der Raum „offen" oder „geschlossen" sein kann;
- versteht, daß Raumbeziehungen in allen bildnerischen Prozessen eine Rolle spielen;
- erkennt, daß Raum Buchstaben und Worte trennt.

1.3.3 Angestrebte Fertigkeiten und Fähigkeiten
- Ist fähig, die kognitiven Erkenntnisse auf die Alltagsumgebung und die Anforderungen des Alltags anzuwenden;
- ist beim Zeichnen in der Lage, Richtung und Entfernung durch den Gebrauch einer oder mehrerer Grundlinien zu kennzeichnen sowie große Gegenstände zur Kennzeichnung von Nähe und kleine Gegenstände zur Kennzeichnung von Ferne zu benutzen;
- kann sich selbst im Raum orientieren und Urteile über den Raum abgeben;
- ist fähig, Raumkonzepte auf seine bildnerischen Aktivitäten anzuwenden;
- ist in der Lage, die räumliche Distanz zum Zwecke der Hand/Auge-Koordination zu beurteilen.

1.3.4 Vorschläge zur praktischen Umsetzung
- Lasse Gegenstände und Personen aus verschiedenen Raumpositionen betrachten.
- Lasse Tiefe und Höhe verschiedenartiger Gegenstände fühlen (verschiedene Dicke, verschiedene Formen).
- Lasse Töne aus verschiedenen Entfernungen (nahe, weit weg) hören.
- Lasse Spiegel zur räumlichen Erkennung der Spiegelbilder verwenden.
- Lasse die Schüler durch eigene Bewegungen den Raum erfahren. Vorschläge: Herumhopsen, Kriechen durch eine Röhre.
- Demonstriere beim Zeichnen und Malen die räumlichen Beziehungen: Zunächst oben und unten, dann übergehend zu nah und fern, danach, daneben, dahinter usw.
- Diskutiere mit den Schülern anhand eines Gemäldes, wie der Künstler durch die Größe oder Kleinheit der Gegenstände sowie durch Überschneidungen die räumliche Anordnung auf der flachen Leinwand darstellt.
- Entwickle mit den Schülern die Konzepte von „davor" und „dahinter", indem Du sie ausgeschnittene Formen aufeinander legen läßt.
- Vermittle den Schülern das Verständnis für offenen und geschlossenen Raum, indem Du sie in eine Schachtel fassen läßt (geschlossener Raum), sie dann mit Sand füllen läßt oder indem Du sie in ein Stück Papier ein Loch schneiden läßt (offener Raum).

1.4 Farbe

1.4.1 Entwicklungserwartungen
Die meisten lernbehinderten Kinder haben die Grundfarben im ersten oder zweiten Schuljahr gelernt und sind dann auch fähig, ihre Farbkenntnisse auf die Gegenstände ihrer Umgebung anzuwenden. Allerdings ist die Entwicklung in der Regel etwas

langsam und unregelmäßig. Die Präferenzen, Einstellungen, Gefühle und ästhetischen Reaktionen lernbehinderter Kinder stellen eine Kombination ihrer intuitiven
emotionalen Reaktionen, der Lehrmethode und der mit dieser einhergehenden Planung dar.

1.4.2 Angestrebte kognitive Fähigkeiten

- Erkennen von Farben über die Grundfarben hinaus
- Erkennen von Farbmischungen
- Erkennen von Hell/Dunkel bei verschiedenen Farben (Hellbraun/dunkelbraun usw.)
- Unterscheidung verschiedener Farbtöne
- Einordnung der emotionalen Stimmungen der Farben (gelb für warm, blau für kalt, rot für aggressiv usw.)
- Verständnis dafür, daß Farben (einschließlich der „Nichtfarben" schwarz, grau, weiß) die gesamte Umwelt durchdringen
- Verständnis dafür, daß Farbe ein Grundmittel der Kunst ist
- Erkenntnis dessen, daß Farbpräferenzen persönlicher Art sind und persönliche Einstellungen reflektieren.

1.4.3 Angestrebte Fertigkeiten und Fähigkeiten

- Fähigkeit, Wahrnehmungen und Erkenntnisse über Farben in bildnerische Aktivi-
täten umzusetzen
- Fähigkeit, Farben zu mischen
- Entwicklung eines Farbvokabulars
- Fähigkeit zur guten Farbkombination bei der bildnerischen Arbeit, Kleidung und in dem persönlichen Umfeld (gilt für ältere Schüler).

1.4.4 Vorschläge zur praktischen Umsetzung

- Lasse in einem Spiel die Schüler die Farben im Raum, auf der Straße usw. (z.B. bei den vorbeifahrenden Autos) identifizieren und klassifizieren (z.B.: Was sind die bevorzugtesten Farben bei Autos?)
- Beginne beim Malen mit der beschränkten Palette von zwei oder drei von den Schülern gewählten Lieblingsfarben (am Anfang verwirrt die Vielfalt der Farben).
- Demonstriere zu einem späteren Zeitpunkt die verschiedenen Schattierungen ei-
ner Farbe.
- Beim Farbenmischen sollte man sich zunächst nur auf eine Farbe konzentrieren. Beispiel: Welche verschiedenen Schattierungen erhalte ich durch die verschiede-
nen Mischungen von gelb und blau? Lasse die verschiedenen Kombinationen auf ein Blatt auftragen, damit sodann die verschiedenen Schattierungen der Farbe (hier: grün) betrachtet werden können.

1.5 Struktur

1.5.1 Entwicklungserwartungen

Die Haltungen, Gefühle, Einschätzungen und ästhetischen Reaktionen sind bei jüngeren Schülern in erster Linie intuitiv bestimmt, während ältere Schüler sich eher

nach den im Kunstunterricht vermittelten theoretischen Einsichten richten. Es kann Jahre dauern, um die angestrebten Fähigkeiten und Fertigkeiten, wenigstens bis zu einem gewissen Ausmaß, zu erreichen.

1.5.2 Angestrebte kognitive Fähigkeiten

- **Alter: 5—6 Jahre:** Die Schüler haben es zwar gerne, Strukturen zu fühlen. Anzustreben ist, daß sie sich auch der sichtbaren Strukturunterschiede bewußt werden.

- **Alter: 7—9 Jahre:** Die Schüler kennen zwar strukturelle Unterschiede in ihrer unmittelbaren Umwelt und den bildnerischen Materialien; sie kennen die Ähnlichkeiten und Unterschiede von Strukturen, sofern diese nicht zu kompliziert sind. Anzustreben ist eine größere Fähigkeit, Strukturen auch visuell zu unterscheiden und ihre Gegensätze zu benennen. Zu fördern ist ihr Verständnis des kreativen Einsatzes in bildnerischen Aktivitäten.

- **Alter: 9—12 Jahre:** Die Schüler haben ein Verständnis für die Strukturunterschiede bei ihnen vertrauten bildnerischen Materialien entwickelt; sie wissen auch, welche Instrumente welche Strukturen hervorbringen. Sie sind auch in der Lage, Strukturen nach ihren Ähnlichkeiten und Gegensätzen zu beurteilen. Zu fördern ist ihre visuelle Differenzierungsfähigkeit bei zweidimensionalen Kunstobjekten.

1.5.3 Angestrebte Fertigkeiten und Fähigkeiten

- **Alter: 5—6 Jahre:** Fähigkeit, Strukturunterschiede haptisch zu erfassen und — zu einem geringen Maß — Strukturen bildnerisch zu produzieren.

- **Alter: 7—9 Jahre:** Fähigkeit, Strukturen zu unterscheiden, sie einzuordnen und zu sortieren sowie derartige Strukturen in der Umwelt, in künstlerischen Materialien und Kunstwerken zu entdecken; Fähigkeit — zu einem gewissen Maß —, Strukturen bildnerisch einzusetzen.

- **Alter: 9—12 Jahre:** Fähigkeit, strukturelle Muster bei zwei- und dreidimensionalen Kunstprojekten zu bilden (Ton, Druck, Reliefs, Collagen usw.).

1.5.4 Vorschläge zur praktischen Umsetzung

- Lasse Strukturen nach ihren Ähnlichkeiten identifizieren und sortieren; zu Differenzierungen erst übergehen, wenn bei dieser Aufgabe Sicherheit zu erkennen ist; danach Vergleiche mit anderen Strukturen anstellen lassen und gegensätzliche Strukturen benennen und auswählen lassen.

- Lasse die Schüler ähnliche und verschiedenartige Strukturen haptisch erfassen und in Form von Collagen und Frottagen künstlerisch verarbeiten; verwende hierzu verschiedenartige Papiere (auch verschiedene Schmirgelpapiere), Garne, Textilstrukturen, Naturmaterialien (Blätter usw.).

- Lasse die strukturellen Unterschiede bei Tierfellen erkennen (sowohl visuell wie haptisch: Katze, Hund, Hamster usw.), aber auch in der Kleidung der Mitschüler.

1.6 Bewegung und Rhythmus

Lernbehinderte gewinnen durch wiederholte und so kontrollierte Bewegungen Eigenbewußtsein und -sicherheit. Rhythmische Bewegungen sind für Lernbehinderte wegen ihrer oft anzutreffenden geringen motorischen Fertigkeiten und Koordinationsschwierigkeiten oft problematisch. Kinetisch-rhythmische Aktivitäten in der Kunst ermöglichen eine Entlastung, die wiederum die Basis für Lernprozesse bilden kann. Entsprechende Aktivitäten sind: Beidhandzeichen (vorzugsweise an der Tafel), Fingermalen.

2. Geistigbehinderte

2.1 Linie

2.1.1 Entwicklungserwartungen
Es kann Jahre dauern, bis die nachstehend beschriebenen Fertigkeiten und Fähigkeiten erzielt werden. Einige Schüler kommen nie über das unkontrollierte Kritzelstadium hinaus. Das Ausmaß der Entwicklung ist wesentlich durch das Ausmaß der Retardation bestimmt.

2.1.2 Angestrebte kognitive Fähigkeiten
- Identifikation: Erkenne eine Linie.
- Diskrimination: Erkenne Unterschiede von Linien, z.B. gerade, kurvenförmig, wellenförmig.
- Richtungsverständnis: Erkenne Richtungen von Linien, z.B. vertikal (auf und ab), horizontal (seitlich), diagonal (schräg).
- Größenverhältnisse: Erkenne Größenunterschiede, z.B. lang und kurz.
- Raumverhältnisse: Verstehe die Position einer Linie im Raum, z.B. oben, unten, Seite, Mitte.
- Beobachtungen: Erkenne Linien bei Dir selbst, in der Umgebung und in der Kunst.

2.1.3 Angestrebte Fertigkeiten und Fähigkeiten
- Entwicklung feinmotorischer Fertigkeiten, der Hand/Auge-Koordination und der Verfolgung der Richtung zur Beherrschung von Instrumenten und Materialien, um Linien bei bildnerischen Aktivitäten und der Bildung von Buchstaben und Zahlen zu produzieren
- Anwendung der kognitiven Fähigkeiten bezüglich von Linien auf bildnerische Aktivitäten.

2.1.4 Vorschläge zur praktischen Umsetzung
- Beginne mit Kritzeleien; gehe zu geraden Linien über, dann zu Wellen und Winkeln.
- Verbinde Punkte zu Linien.
- Entwickle die Wahrnehmung von Linien durch Spiele, Spiegel und die Beobachtung der Umgebung.
- Benutze Materialien zur Bildung von Linien, z.B. Stäbchen zur Bildung gerader Linien und Wollfäden zur Bildung von Wellenlinien.

2.2 Form

2.2.1 Entwicklungserwartungen

Einige Geistigbehinderte werden die erstrebten Fähigkeiten und Fertigkeiten, die nachstehend beschrieben werden, nie erreichen; bei anderen kann dies Jahre dauern. Die meisten Geistigbehinderten lernen jedoch, grundlegende geometrische Formen zu erkennen und zu kopieren, wie Kreis, Quadrat, Dreieck, Rechteck. Eine Schwierigkeit kann darin bestehen, daß Geistigbehinderte, nachdem sie gelernt haben, einen bestimmten Umriß zu erkennen, ihn nicht immer in einer veränderten Position, abweichenden Größe oder außerhalb des Lernkontexts erkennen. Die Übertragung von Gelerntem sowie Vergleiche und Beziehungen sind für solche Personen schwierig und nahezu unmöglich.

Beachtet werden muß, daß die bildlichen Darstellungen nicht unbedingt die kognitiven Fähigkeiten repräsentieren. Geistigbehinderte können also durchaus Formen erfassen und erkennen. Oft sind sie aber aufgrund ihrer beschränkten motorischen Fertigkeiten und Hand/Auge-Koordination nicht in der Lage, ihre Wahrnehmung bildnerisch umzusetzen. Es ist deshalb zur Erkennung und Bewertung der kognitiven Fähigkeiten des Geistigbehinderten in bezug auf Formen und Gestalten notwendig, sich auf ein Gespräch darüber einzulassen. Im übrigen wird die Entwicklung weitgehend durch die Schwere der Retardation und die motorischen Fähigkeiten bestimmt.

2.2.2 Angestrebte kognitive Fähigkeiten
- Erkennt einige Grundformen (Kreis, Quadrat, Dreieck; einige auch Oval und Rechteck);
- erkennt einige geometrische Formen an sich selbst und bei Gegenständen;
- erkennt einige nichtgeometrische (freie) Formen;
- erkennt bestimmte Formen bei Menschen, Gegenständen und Tieren;
- versteht, daß Form und Gestalt bei der bildnerischen Betätigung eingesetzt werden, und benutzt diese entsprechend seinen Fähigkeiten;
- versteht, daß die Oberfläche eines Tisches rechteckig oder quadratisch und flach ist.

2.2.3 Angestrebte Fertigkeiten und Fähigkeiten
- Fähigkeit, aus dem Gedächtnis einige Grundformen zu zeichnen
- Fähigkeit zur Unterscheidung verschiedener Formen und Gestalten
- Fähigkeit, motorische Fertigkeiten zu entwickeln und die Hand/Auge-Koordination zur Beherrschung von Handwerkszeug und Materialien zur Schaffung von Formen und Gestalten zu verbessern.

2.2.4 Vorschläge zur praktischen Umsetzung
a) Sensorielle Stimuli zur Form- und Gestalterkennung
- Suche und berühre Gegenstände von verschiedener Form im Klassenzimmer und auf dem Schulhof;
- sprich mit den Schülern über Gegenstände, die sie gesehen und befühlt haben;
- benutze einen Spiegel, um Formen darin gespiegelt zu sehen;

- lasse die Kinder sich selbst zu Formen (Kreis, Quadrat und Schlangenlinien) zusammenstellen;
- laß sie durch Formen, wie geöffnete Umzugskartons, krabbeln;
- mache Spiele wie: Suche mir einen quadratischen Gegenstand, einen Kreis usw.;
- sortiere und stelle ähnliche Gegenstände zusammen (Schrauben, Samen, Bohnen, Bälle, Kugeln usw.);

b) *Entwicklung bildnerischer Fertigkeiten in Verbindung mit sensoriellen Stimuli und kinästhetischer Sensibilität*
- Gebrauche grundlegende **geometrische Formen**
  — zur Entwicklung von Fertigkeiten: lerne Gestalten zu bilden, indem Du Punkte miteinander verbindest; fahre die Formen nach und kopiere sie; schneide sie aus und klebe sie auf;
  — zum kreativen Einsatz von Formen, um Alltagsgegenstände herzustellen.

- Gebrauche **freie Formen:**
  — Die Erfahrung mit zwei- und dreidimensionalen freien Formen vermittelt die Erkenntnis, daß Objekte, Gebäude, Menschen usw. eine bestimmte Gestalt haben.
  — Bei Geistigbehinderten, die keine Bilder produzieren können oder Zeichengerät nicht beherrschen können, kann das Formgefühl durch Kritzeln zum Ausdruck gebracht werden; sollte sich dabei die Fähigkeit zur Beherrschung des Zeichengeräts entwickeln, kann zu erkennbaren Objekten übergegangen werden, wie Kugel, Baum usw., die leichter aus dem Kritzeln zu entwickeln sind.
  — Lasse die Schüler die Gegenstände berühren, untersuchen usw., bevor sie sie zeichnen oder malen; belasse die Gegenstände in Sicht- und Reichweite, damit das Formgefühl aufgefrischt werden kann.
  — Beachte, daß beim Befassen mit Form und Gestalt durch Geistigbehinderte das Endprodukt unwichtig ist; entscheidend ist es, das Kennenlernen zu ermöglichen und den Lernprozeß in Gang zu setzen.

2.3 Raum

2.3.1 Entwicklungserwartungen
Es kann Jahre dauern, bis sich die erstrebten Fähigkeiten und Fertigkeiten in bezug auf Raum einstellen. Einige Geistigbehinderte werden diese Ziele nie erreichen und werden weiterhin Objekte auf das Papier bringen, ohne daß diese eine — erkennbare — räumliche Ordnung haben. Die Größe der abgebildeten Gegenstände wird vor allem durch die persönliche Bedeutung bestimmt, die diesen zugemessen wird. Einige werden immer Schwierigkeiten mit der Raumanordnung haben, wobei diese Schwierigkeiten Fehler bei der Hand/Auge-Koordination, bei der Raumorientierung und beim Schreiben zur Folge haben können. Das Ausmaß der räumlichen Vorstellungs- und Darstellungsfähigkeit wird auch durch die Schwere der Behinderung bestimmt.

2.3.2 Angestrebte kognitive Fähigkeiten
- Kennt in gewissem Maße Entfernung und Tiefe (nahe/fern, hoch/niedrig, davor/dahinter);

116

- kennt in gewissem Umfang Richtungen (links/rechts, oben/unten, darunter/darüber, dazwischen, seitlich);
- kennt die Körperteile und — zu einem gewissen Ausmaß — die Beziehung der Körperteile zueinander (Kopf: oben, Fuß: unten, Arm: Seite);
- kann einige Größenunterschiede erkennen (groß/klein, lang/kurz);
- ist in der Lage, räumliche Beziehungen in seinen bildnerischen Aktivitäten zu verwerten.

2.3.3 Angestrebte Fertigkeiten und Fähigkeiten
- Ist in der Lage, sich selbst im Raum zu orientieren (Richtung, Entfernung, Größe);
- kann seine kognitiven Erkenntnisse in bezug auf den Raum auf sich selbst und seine bildnerischen Aktivitäten anwenden;
- ist in der Lage, die Entfernung im Raum für seine Hand/Auge-Koordination und motorische Kontrolle zu beurteilen, um so Zeichenwerkzeuge und -material einzusetzen;
- ist in der Lage, Anweisungen in bezug auf den Raum zu folgen (z.B.: „Nimm den Stift in Deine rechte/linke Hand").

2.3.4 Vorschläge zur praktischen Umsetzung
- Benutze einen Spiegel, um ein Raumgefühl hinsichtlich der Umgebung zu vermitteln.
- Spiele Versteck-Spiele („. . . wer über mir steht, vor mir . . . neben mir, . . . unter mir, . . . über mir . . ." usw.).
- Krieche durch einen alten Reifen, über und unter parallele Balken. Gib verbale Anweisungen, wenn Du Malmaterial austeilst: „Gib die Stifte nach **links**; das Wasser steht **vor** Dir; stellt Euch **hintereinander** auf").
- Entwickle Raumwahrnehmungen durch Wiederholungen von Beobachtungen, Gesprächen und Fragen.
- Entwickle dreidimensionale Raumunterschiede durch Erfahrungen mit Papierfalten.
- Entwickle ein Bewußtsein für Tiefe und Entfernung durch Erfahrungen mit Bausteinen, Ton, verschieden dicken Kartons usw.

2.4 Farbe

2.4.1 Entwicklungserwartungen
Die Präferenzen, Einstellungen und Gefühle für Farbe sind bei Geistigbehinderten in erster Linie intuitiv. Es kann Jahre dauern, bis die nachstehend beschriebenen Fertigkeiten und Fähigkeiten erzielt werden. Einige Geistigbehinderte werden nie darüber hinaus kommen, einige wenige Grundfarben zu identifizieren.

2.4.2 Angestrebte kognitive Fähigkeiten
- In der Altersstufe von 5—6 Jahren sind Geistigbehinderte in der Regel nicht in der Lage, Farben zu unterscheiden und sie entsprechend ihrer Wirkung einzusetzen. Durch eine wiederholte Konditionierung werden sie aber schließlich einige Farbunterschiede erkennen und Farben identifizieren können, wenn auch nicht unbedingt nach ihrem Namen (Primärfarben sowie grün, orange und weiß sind normalerweise die Farben, die zuerst gelernt werden).

- Im Alter von 7—9 Jahren kennen sie in der Regel die Grundfarben, allerdings nicht unbedingt beim Namen. Viele Schüler haben noch immer Schwierigkeiten, zwischen rot und blau zu unterscheiden. In der Regel läßt sich die Farbkenntnis durch das entsprechende Sortieren von Farben ermitteln. Einige können Metallfarben (silbrig, gold) unterscheiden.
- Auf der Altersstufe von 9—12 Jahren kennen Geistigbehinderte die Grundfarben sowie schwarz, weiß und grau in der Regel beim Namen und können zu einem gewissen Maß Hell/Dunkel-Werte der Grundfarben unterscheiden.
- Einige Geistigbehinderte über 8 Jahre sind in der Lage, Farbmischungen wie gelbbraun und rosa zu erkennen.
- Geistigbehinderte über 7 Jahre verstehen in der Regel, daß bestimmte Farben Bezug auf ihre Umwelt haben (Menschen, Gegenstände, Natur, Tiere usw.) und wissen, daß einige bestimmte Farben mit Feiertagen oder bestimmten Gegenständen identifiziert werden (schwarz für die Hölle, weiß für Weihnachten usw.).
- Auf allen Altersstufen wird verstanden, daß die Farbe beim bildnerischen Prozeß eingesetzt wird; sie wird von ihnen auch hierfür benutzt.

2.4.3 Angestrebte Fertigkeiten und Fähigkeiten

- Ist in der Lage, einige Farben zu erkennen und zu behalten;
- ist in der Lage, einige Farben zu identifizieren, sie zu sortieren und einander zuzuordnen (schließlich auch mit dem Namen);
- ist in der Lage, Farben im Alltagsleben und bei bildnerischen Aktivitäten anzuwenden;
- ist in der Lage, seine persönliche Wahl unter Farben zu treffen;
- ist bei enger Anleitung durch den Lehrer in der Lage (allerdings nur im Alter ab etwa 10 Jahren), einige Farben gezielt zu mischen.

2.4.4 Vorschläge zur praktischen Umsetzung

- Konzentriere Dich am Anfang auf eine Farbe und lasse diese Farbe wiederholt zu einem Farbmuster sortieren, bevor Du eine zweite Farbe einführst. Gib den Kindern erst am Ende alle Farben.
- Lasse Farben immer wieder zu Gegenständen assoziieren.
- Wenn Du eine bestimmte Farbe lehrst, benutze die gleiche Farbe bei vielen verschiedenen künstlerischen Experimenten.
- Benenne immer wieder die Farbe beim Namen.
- Mache immer genaue Angaben über das Ziel der Übung und des Experiments, bevor Du die Farbe benutzen läßt.
- Beim Malen mit mehreren Farben ist es — vor allem bei jüngeren Schülern — empfehlenswert, jeweils nur eine Farbe mit je einem eigenem Pinsel für jede Farbe zu benutzen. Die Farben sollten ausgewechselt werden, wenn der Schüler für die nächste Farbe bereit ist.
- Selbst wenn Geistigbehinderte nie Farbunterschiede lernen, werden sie doch Farben auswählen, allerdings nicht nach rationalen sondern emotionalen Beweggründen. Deshalb tragen verschiedene Farben, die eine emotionale Anziehungskraft haben, zur persönlichen Freude und auch zur ästhetischen Reaktion bei.

2.5 Struktur

2.5.1 Entwicklungserwartungen

Die Präferenzen, Einstellungen, Einschätzungen, Gefühle und ästhetischen Reaktionen in bezug auf Strukturen sind bei Geistigbehinderten in erster Linie intuitiv bestimmt. Realistischerweise wird es Jahre dauern, um die nachstehend beschriebenen Fähigkeiten und Fertigkeiten zu erlernen. Einige Schüler werden dies nur zu einem geringen Ausmaß erreichen.

2.5.2 Angestrebte kognitive Fähigkeiten

Im Alter von 5—6 Jahren erfreut sich das Kind daran, die Struktur zu fühlen, ist aber nicht in der Lage, diese zu klassifizieren oder Unterscheidungen, Assoziationen oder Vergleiche zu treffen. Im Alter von 7—9 Jahren erkennt das Kind Unterschiede der Strukturen durch Fühlen, ist aber nach wie vor nicht in der Lage, die Strukturen zu klassifizieren oder Assoziationen oder Vergleiche zu treffen. Im Alter von 9—12 Jahren wird sich das Kind der taktilen Unterschiede und Klassifikationen bei künstlerischen Materialien und in der unmittelbaren Umgebung zu einem gewissen Ausmaß bewußt. Alle Geistigbehinderte sind, von wenigen Ausnahmen abgesehen, nicht in der Lage, „rationale" visuelle Unterscheidungen oder Klassifikationen zu treffen.

2.5.3 Angestrebte Fertigkeiten und Fähigkeiten

- Im Alter von 5—6 Jahren: Fähigkeit, zu fühlen, daß Gegenstände verschiedene Strukturen haben.
- Im Alter von 7—9 Jahren: Fähigkeit, einige strukturelle Unterschiede zu erkennen und zu klassifizieren, z.B.: Metall fühlt sich hart (und kalt) an; Wolle, Stoff, Haar fühlt sich weich (und oft warm) an; Schmirgelpapier fühlt sich rauh an.
- Im Alter von 9—12 Jahren: Beschränkte Fähigkeit, gleiche Strukturen, die in der unmittelbaren Umgebung zu finden sind, zu klassifizieren und einander zuzuordnen; beschränkte Fähigkeit, gegensätzliche Strukturen zu klassifizieren, sortieren und einander zuzuordnen (z.B.: Diese Gegenstände fühlen sich hart an, jene weich; Stifte sind verschieden weich und hart; Papier sieht verschieden aus und fühlt sich verschieden an); Fähigkeit, verschiedene Strukturen bei vertrauten bildnerischen Materialien zu erkennen; Beginn des Einsatzes von Strukturen in der bildnerischen Arbeit.

2.5.4 Vorschläge zur praktischen Umsetzung

- Entwickle das Verständnis für Struktur, indem Du langsam und mit vielen Wiederholungen ein „Sehen und Anfassen"-Spiel spielst.
- Gib ständig die Möglichkeit, die Lernerfahrungen in der unmittelbaren Umgebung zu wiederholen und damit zu bestätigen und somit zur Sicherheit beizutragen.
- Fördere positive Reaktionen durch Fühlspiele, z.B.: Lege ein strukturiertes Objekt in einen Beutel, lasse die Kinder — ohne daß sie das Objekt sehen — dessen Struktur durch Befühlen erraten. Oder: Die Kinder wählen eine bestimmte Struktur aus und suchen einen anderen Gegenstand mit der gleichen Struktur. Wenn die Fähigkeit zur Unterscheidung von Strukturen entwickelter ist, können die Spiele dahingehend abgewandelt werden, daß die Gegensätze zu diesen Struk-

turen erraten und gefunden werden müssen. Normalerweise werden Ähnlichkeiten schneller gelernt als Gegensätze.

- Konzentriere Dich am Anfang auf eine Struktur, z.B.: Wenn Du eine Collage herstellen läßt, verwende entweder nur weiches oder nur hartes Material; setze die entsprechende Struktur in mehreren Stunden und bei mehreren Aktivitäten ein; erst wenn Sicherheit bei einer Struktur besteht, sollte zur nächsten übergegangen werden; und erst wenn so eine gewisse Vertrautheit mit den verschiedenen Strukturen erreicht ist, können die verschiedenen Strukturen vermischt eingesetzt werden.
- Beispiele für Verfahren, die besonders geeignet sind, Strukturen erfahren zu lassen: Herstellen von sichtbaren Strukturen auf Ton, Plastillin oder Styropor, indem mit Kämmen, Stiften usw. gekratzt wird; Abreiben von Wachsstiften auf Papier, das auf strukturierte Unterlagen gelegt wird; Drucke mit verschiedenen Strukturen.

2.6 Bewegung und Rhythmus

Bewegung und Rhythmus sind für Geistigbehinderte wichtig, da sie das Eigenbewußtsein steigern. Sie ermöglichen eine Lockerung und Entlastung, was sich positiv in der Fähigkeit zu ästhetischen Lernprozessen auswirkt. Entsprechende Aktivitäten: Beidhandzeichnen (möglichst an der Tafel, damit die Bewegung des ganzen Körpers möglich ist), Fingerfarbenmalen, schwunghaftes Kritzeln.

3. Sehbehinderte, Sehgestörte, Blinde

3.1 Linie

3.1.1 Entwicklungserwartungen

Sehbehinderte, sehgestörte und blinde Kinder haben eine normale Intelligenz, können aber aufgrund ihrer Behinderung gewisse Funktionsverzögerungen aufweisen. Bei blinden Kindern ergeben sich im Hinblick auf die ästhetische Erziehung spezifische Probleme, auf die nachstehend ebenfalls eingegangen werden soll.

3.1.2 Angestrebte kognitive Fähikeiten

- Fähigkeit, Linienunterscheidungen zu treffen (gerade, kurven- und wellenförmig, dick, dünn);
- kennt die Richtung von Linien (vertikal, horizontal, diagonal);
- ist in der Lage, Größen- und Linienverhältnisse zu unterscheiden (lang, länger);
- versteht, daß Linien bei zwei- und dreidimensionalen bildnerischen Arbeiten eingesetzt werden;
- versteht, daß Linien Muster und Umrisse bilden können;
- versteht, daß die Blindenschrift eine Kombination von Punkten ist und daß Punkte die kleinsten Linien sind.

3.1.3 Angestrebte Fertigkeiten und Fähigkeiten

- Fähigkeit, einige Zeichenwerkzeuge und -materialien zu beherrschen, um zwei- und dreidimensionale bildnerische Produkte herzustellen;

- Fähigkeit, die kognitiven Fähigkeiten in bezug auf Linien in bildnerische Erfahrungen umzusetzen.

3.1.4 Vorschläge zur praktischen Umsetzung
- Benutze in größerem Umfang taktile Stimuli zur Entwicklung des Tastsinns.
- Benutze Draht, Pfeifenreiniger usw., um Erfahrungen mit verschiedenen Formen der Linie zu vermitteln.
- Benutze Strohhalme, Holzstäbchen (Mikado-Stäbchen), um gerade Linien zu bilden.
- Lasse Linien in feuchten Sand, Styropor, Ton, harten Gips usw. zeichnen.
- Besonders für blinde Schüler: Linien können mit der Hand nachgefahren werden, wenn sie mit Wachsstift gezogen sind.
- Garne, Wolle usw. eignen sich besonders zum Formen von Linien, da sie nachgefühlt werden können.
- Zum Kennenlernen von gebogenen Linien ist Korbflechterei geeignet.
- Um Umrisse besser sehen und ausschneiden zu können, sollten dicke (schwarze) Filzstifte benützt werden.
- Um Linien nachfühlen zu können, eignen sich Malereien aus Alleskleber, wobei die Linien nach dem Trocknen gefühlt werden können und so das Bild abgetastet werden kann.
- Gespräche und Verbalisierungen befähigen die Schüler, Linien in der Umgebung, bei Gegenständen, an seiner Kleidung usw. zu identifizieren.
- Achte bei Schülern mit eingeschränkter Sehfähigkeit auf gute Lichtverhältnisse.

3.2 Form

a) Sehbehinderte (Sehfähigkeit eingeschränkt)

3.2.1 Entwicklungserwartungen
Diese Schüler haben eine normale Intelligenz. Ihre Arbeitsgeschwindigkeit ist oft geringer. Sie benötigen optische Hilfen für detaillierte bildnerische Arbeiten oder zur detaillierten Untersuchung eines Gegenstandes. Die Darstellung der Tiefe einer Form in der Zeichnung bildet eine ihrer Hauptschwierigkeiten. Während in der Primarstufe Unterstützung erforderlich ist, können sehbehinderte Kinder in der Sekundarstufe demselben Programm wie nichtbehinderte Schüler folgen. Aufgrund der Ermüdung der Augen sollten die Arbeitszeiten nicht zu lang sein und öfter Pausen eingelegt werden.

3.2.2 Vorschläge zur praktischen Umsetzung
Die nachstehenden Anregungen beziehen sich vor allem auf die Hauptschwierigkeit Sehbehinderter, nämlich das „Sehen" und das Wahrnehmen von Tiefe.

- Benütze ein Fernglas, um ferne Dinge heranzuholen und eine Lupe, um nahe Dinge größer zu sehen.
- Benutze große dreidimensionale Objekte, um Formkonzepte zu bilden.
- Arbeite in Ton oder Plastillin.

b) Blinde

Form- und Gestaltkonzepte werden am besten durch taktile Medien und dreidimensionale Projekte ausgedrückt und verstanden. Von Geburt an Blinde müssen sich im wesentlichen auf ihren Tastsinn verlassen, um Formen wahrzunehmen. Da Blinde nicht alle Teile eines Gegenstandes oder einer Person gleichzeitig fühlen können, können sie nicht immer die Gesamtheit der Gestalt bilden. Blinde können nur porträtieren, was sie kennen und was ihnen geläufig ist. Dabei kann man Blinde auch bitten, einen ihnen unbekannten Gegenstand darzustellen, wie sie sich vorstellen, daß er aussehen könnte; nur darf man dann auch nicht eine „realistische" Darstellung erwarten. Einfach gesagt, können bildnerische Darstellungen von Blinden nur das zeigen, was diese haptisch erfassen. Deshalb sind die Darstellungen oft verformt, Teile fehlen oder stehen außerhalb des Kontexts der Gesamtgestalt. Andere Blinde produzieren sehr korrekte Darstellungen von ihnen vertrauten Gegenständen und Personen. Immer ist ihre Kunst aber expressiv.

3.3 Raum

a) Sehbehinderte (Sehfähigkeit eingeschränkt)

3.3.1 Entwicklungserwartungen

Der Entwicklungsstand und die Erwartungen an die zukünftige Entwicklung in bezug auf Raum richtet sich im wesentlichen nach der Altersstufe.

Alter: 5—6 Jahre: Die Größe der Objekte in bildlichen Darstellungen richtet sich nach der Bedeutung, die das Kind ihnen beimißt. Das Kind versteht die Unterschiede zwischen darüber und darunter; es kann Grundlinien einsetzen.

Alter: 7—8 Jahre: Bewußtsein von offenem und geschlossenem Raum; mehr Details in den Zeichnungen in dem Versuch, damit die Tiefe zu kennzeichnen; Verständnis für nah und fern.

Alter: 9—10 Jahre: Größenverhältnisse beginnen in Zeichnungen aufzutauchen; zur Kennzeichnung der Tiefe werden weiter entfernte Gegenstände kleiner dargestellt.

Alter: 11—12 Jahre mit Übergang zum Heranwachsendenalter: Raumauffassungen haben sich recht gut herausgebildet. Keine Unterschiede zu Nichtbehinderten.

3.3.2 Angestrebte Fähigkeiten und Fertigkeiten

Ausnahmsweise sollen die angestrebten Fähigkeiten und Fertigkeiten nicht positiv beschrieben werden. Sie sollen vielmehr aus einem Umkehrschluß der nachstehend beschriebenen Schwierigkeiten von Sehbehinderten in bezug auf den Raum definiert werden.

- Schwierigkeit, zu beurteilen, wie nahe ein Gegenstand einem anderen ist
- Schwierigkeit, Gegenstand sogar aus kurzer Distanz zu sehen
- Problem mit oben/unten und links/rechts aufgrund des beschränkten Sichtfelds
- Schwierigkeit mit der Hand/Auge-Koordination
- Schwierigkeit, das gesamte Bild als Ganzes zu sehen

- Schwierigkeit, aus den einzelnen wahrgenommenen Teilen eines Bildes ein Ganzes zu formen
- Zu einem gewissen Maß: Formverzerrungen
- Schwierigkeit, Gegenstände im Raum zu unterscheiden, wenn die Farbe und/oder Strukturen keine ausreichenden Hell/Dunkel-Kontraste aufweisen
- Schwierigkeit, zu verstehen, daß die Größe eines Gegenstandes visuell als kleiner oder größer erscheinen kann entsprechend der Entfernung zwischen Gegenstand und Betrachter
- Beschränkte Raumbeurteilungen und beschränkte Selbstorientierung aufgrund beschränkter Mobilität und beschränkter Möglichkeiten, die Umgebung zu erforschen.

Zusätzliche Sehschäden, wie Astigmatismus, Farbblindheit usw. haben weitere Verzerrungen des räumlichen Wahrnehmungs- und Darstellungsvermögens zur Folge. Sehverzerrungen und unzureichende Raumbeurteilungen äußern sich darin, daß gekrümmt statt gerade gesehen wird; in der Unfähigkeit, den Mittelpunkt zu finden oder die Mitte zu lokalisieren; im Ineinanderlaufen von Linien und Mustern; in der Unfähigkeit, den Blick zu fixieren; in dem Sehen von Doppelbildern oder sich überschneidenden Bildern.

3.3.3 Vorschläge zur praktischen Umsetzung
- Benutze große Drucke, um die Schüler in die Lage zu versetzen, Bilder klarer zu erfassen, selbst wenn sie aufgrund der Größe des Bildes nicht fähig sein sollten, das gesamte Bild in ihrem Sichtfeld auf einen Blick zu fixieren.
- Lege Begrenzungen (Passepartouts) aus schwarzem Papier auf das Bild, um so Ausschnitte besser fixieren zu können.
- Um festzustellen, ob der Schüler das gesamte Bild erfaßt, lege einen möglichst dunklen Rahmen um das gesamte Bild und frage den Schüler, ob er den Rahmen um das Bild sieht. Sollte dies nicht der Fall sein, bitte ihn, den Umkreis seines Blickfeldes auf dem Bild zu bestimmen.
- Gib den Schülern wiederholt die Möglichkeit, sich von ihnen weg bewegende Gegenstände und Personen ihrer Größe nach zu bestimmen.
- Zur Verbesserung der Sehfähigkeit: Benutze starke Schwarz/Weiß- oder Hell/Dunkel-Kontraste sowie Malwerkzeuge, die breite Linien hinterlassen (Filzstifte, dicke Pinsel).
- Um dem Kind zu helfen, den Rahmen klarer zu sehen und wahrzunehmen, um die Anstrengung und Ermüdung des Auges zu vermindern, um Versagensangst zu vermeiden und das Erfolgsgefühl zu fördern, wird vorgeschlagen, zumindest zeitweise neben den ärztlich verordneten Hilfsmitteln weitere zu benutzen, wie Lupen, Vergrößerungslampen, Leselupen usw.
- Nutze sensorielle Erfahrungen, insbesondere haptische Erfahrungen.
- Nutze viele kinästhetische und motorische Erfahrungen, um Gelegenheit zu geben, die Position des Selbst im Raum zu erfahren und dieses in Beziehung zu Gegenständen zu setzen.
- Beidhandzeichnen an der Tafel (Verständnis für und Koordination von Körpersymmetrie).

- Beginne mit grobmotorischen Übungen, bevor Du zu feinmotorischen übergehst.
- Arbeite mit dreidimensionalen bildnerischen Erfahrungen, bei denen räumliche Beziehungen eine Rolle spielen, z.B. Mobiles.
- Übe Tiefen- und Raumverhältnisse, indem Du verschiedene Gegenstände (kleine Schachteln, Salzstreuer usw.) zu größeren Gebilden ordnen läßt.
- Lasse das Kind größere Objekte zeichnen, diese dann zerschneiden und anschließend wieder wie ein Puzzle zusammensetzen.
- Benutze taktile bildnerische Materialien mit eindeutigen Kanten aus flachem Material, alternierend mit dreidimensionalem Material.

b) Blinde

3.3.1 Entwicklungserwartungen
Von Geburt an Blinde haben unterschiedliche Konzepte vom Raum. Sie können Gegenstände nicht beobachten und diese zu anderen Gegenständen ihrer Umgebung in Beziehung setzen. Sie können Gegenstände und Bilder nicht visuell trennen oder zusammensetzen. Räumliche Urteile hinsichtlich Distanz und Richtung müssen durch andere sensorielle Zugriffsweisen gefällt werden. Die kognitive Entwicklung der räumlichen Wahrnehmung kann mangels einer Sicht beschränkt sein. Die durch andere gemachte Aussage, daß ein Gegenstand von einem anderen entfernt ist, kann von dem Blinden im Hinblick auf die Entfernung und die Position der Gegenstände zueinander nicht beurteilt werden.

Blinde sind nicht in der Lage, allein durch taktile Wahrnehmung ein Bewußtsein für die Tiefe des Raums zu erwerben; sie nutzen andere sensorielle Methoden. Sie schätzen die Entfernung durch die Zeitspanne, die sie von einer Stelle zur anderen benötigen. Sie benutzen akustische Signale zur Raum-, Richtungs- und Entfernungsorientierung. Sie beurteilen die Richtung nach der Art, wie die Luftbewegung sich auf ihrer Haut fühlt, und gelegentlich auch durch den Geruchssinn.

In der Kunst werden Raumverhältnisse, die Größe von Bildern und die Position von Objekten nach der eigenen persönlichen Einschätzung beurteilt. Mögen auch Raumdarstellungen Blinder von denen von Nichtsehgestörten wesentlich abweichen, so besteht doch kein Zweifel, daß Blinde ihre Umgebung, auch in räumlicher Hinsicht, wenn auch mit einem anderen sensoriellen Instrumentarium, wahrnehmen.

3.3.2 Vorschläge zur praktischen Umsetzung
- Benutze viele sensorielle Stimuliererfahrungen, um die Kenntnis Blinder über ihre Umgebung zu erweitern.
- Ermögliche kinästhetische Erfahrungen, die in der frühen Kindheit ausgeschlossen waren.
- Ermögliche plastische Erfahrungen (Ton).
- Weben ermöglicht die Erfahrung eines abgegrenzten Raumes.

3.4 Farbe

Sehbehinderte mit normaler Intelligenz weisen in der Regel keine Abweichungen in ihren Fähigkeiten in bezug auf die Farbe gegenüber Nichtsehbehinderten auf.

Besondere Probleme bietet die Farbblindheit. Farbblinde Schüler müssen Farben nach dem Namen lernen und aus Gründen der Erkennung Farben in Beziehung zur Umwelt zu setzen lernen. Farbbezeichnen und das Assoziieren von Farben mit der Umgebung fördern das Farblernen. Farbblinde Schüler benutzen dabei Tonunterschiede der Farben, wie Dunkel-, Mittel- und Hellkontraste. Es ist ferner empfehlenswert, daß, wenn diese Schüler versuchen, Farben rational zu benutzen, und dabei Fehler machen, sie sofort vom Lehrer korrigiert werden. Es ist ferner von Vorteil, daß, wenn sie eine Farbe korrekt identifiziert und zutreffende Farbbeziehungen hergestellt haben, sie unmittelbar eine positive Bestätigung ihrer Leistung erhalten.

Hinsichtlich der *praktischen Umsetzung* sei empfohlen, daß den Schülern die Möglichkeit gegeben wird, drei oder vier Farben auszuwählen, um sie in einer von ihnen bestimmten Reihenfolge nebeneinander mit je einem für jede Farbe bestimmten Pinsel aufzubewahren, damit sie beim Malen sich immer genau bewußt sind, welche Farbe sie gerade benützen. Die Anordnung der Farben durch den Schüler geschieht dadurch, daß ihm diese durch den Lehrer oder Mitschüler benannt werden: „*Gelb* ist ganz links, dann folgt *blau,* als dritte Farbe hast Du *grün* und ganz rechts findest Du *braun.“* Es ist auch zu empfehlen, die Farbunterscheidung dadurch zu fördern, daß den Farben bestimmte für die entsprechende Farbe besonders charakteristische Gegenstände zugeordnet werden, z.B. Zitrone für gelb, ein Blatt für grün, eine Kirsche für rot, Kakao oder Schokolade für braun.

3.5 Struktur

a) Sehbehinderte

Bei Sehbehinderten spielt die Erfahrung der Struktur durch den Tastsinn eine besondere Rolle; für sie ist ferner von Wichtigkeit, selbst verschiedene Strukturen herzustellen und diese dann immer wieder haptisch zu erfassen. Beides ist von Bedeutung für ihre kognitive Einstellung und ihre ästhetischen Reaktionen.

b) Blinde

Dies gilt in erhöhtem Maße für blinde Schüler, die sich in noch stärkerem Maße auf ihren Tastsinn und taktile strukturelle Unterschiede verlassen müssen. Wichtig ist deshalb eine sensorielle Vorgehensweise mit vielen Stimuli und Strukturen, die die ästhetischen Reaktionen und Wahrnehmungen in bezug auf die Umgebung und die Kunst fördern. Einige empfehlenswerte Verfahren sind: Weben mit verschiedenen Garnen, Eindrücken von Objekten in Ton, Plastillin und Kleber, Collagen mit hartem und weichem Material. Gib die Möglichkeit, Strukturen durch die Assoziation mit Gegenständen zu erfahren: Hart für Metall, weich für Wolle, glatt für Eis, rauh für Schmirgelpapier usw. Wichtig ist vor allem die Verbalisierung solcher Erfahrungen.

3.6 Bewegung und Rhythmus

Sehbehinderte, sehgestörte und vor allem blinde Kinder haben nur eine beschränkte Erfahrung mit Bewegung und Rhythmus. Bei blinden Kindern verschärft sich dieses

Defizit noch dadurch, daß sie Bewegung und Rhythmus weder tatsächlich oder in der Kunst abgebildet sehen. Dies bedeutet allerdings keineswegs, daß sie von der Bedeutung der Bewegung und des Rhythmus nichts wissen. Auch und gerade Blinde „fühlen" Bewegung und Rhythmus in ihrer Umwelt.

Wichtig sind also kinetische Kunsterfahrungen, von denen zu nennen sind: Malen mit dem Schwamm, Beidhandzeichnen an der Tafel oder auf großen Blättern, Zeichnen im Sand, Herstellen von Mobiles.

4. Körperbehinderte

4.1 Linie

Hier ergeben sich keine spezifischen Schwierigkeiten, es sei denn, es liegt eine Behinderung im Gebrauch der Hand oder des Armes vor.

4.2 Form

4.2.1 Entwicklungserwartungen

Durch die Körperbehinderung kann der Umgang mit großen Objekten (Formen) beeinträchtigt sein; diese Behinderung berührt allerdings nicht die konzeptuellen Aspekte. Die Anwendung der Formkonzepte auf das tatsächliche bildnerische Arbeiten hängt von der Art und dem Ausmaß der Körperbehinderung ab, wie auch von der Erfahrung des Lehrers, entsprechende bildnerische Aktivitäten zur Verfügung zu stellen, die der körperbehinderte Schüler faktisch bewältigen kann. Besondere Aufmerksamkeit muß der Gestaltung des Arbeitsplatzes sowie der notwendigen Anpassung und Änderung von Werkzeugen und Material gewidmet werden.

Im übrigen aber entspricht die Entwicklung Körperbehinderter in bezug auf Form der Nichtkörperbehinderter, wobei allerdings zu beachten ist, daß aufgrund der Körperbehinderung in der Regel — wegen der Handhabungsbeschränkungen — mehr Zeit erforderlich ist. Auffallend ist in der Regel, daß die Abbildung des menschlichen Körpers besondere Schwierigkeiten verursacht bzw. besonders lange Zeit benötigt, was mit einer durch die Körperbehinderung verursachten „Sperre" gegenüber dem eigenen Körper zusammenhängen dürfte. Diese Schwierigkeiten nehmen ab, je stärker die Akzeptanz der Behinderung durch den Behinderten (aber auch durch die Umwelt!) ist.

4.2.2 Angestrebte kognitive Fähigkeiten
- Kennt die grundlegenden geometrischen Formen;
- kennt und unterscheidet Kategorien von Formen und Gestalten: Freie Form und Gestalten, die mit Objekten der Umwelt assoziiert werden; geometrische Formen und Gestalten; nichtgegenständliche Formen und Gestalten;
- weiß, daß die Form zweidimensional und die Gestalt eine dreidimensionale Form mit Tiefe und Umfang ist;
- entwickelt ein Bewußtsein für Körperteile und ihr Verhältnis zueinander.

4.2.3 Angestrebte Fertigkeiten und Fähigkeiten
- In der Lage, Werkzeuge und Materialien, gegebenenfalls nach den entsprechenden Anpassungen, zu beherrschen, um Formen und Gestalten zu produzieren;
- in der Lage, die menschliche Gestalt abzubilden;
- in der Lage, grundlegende geometrische Formen abzubilden;
- in der Lage, Formen und Gestalten (auch nichtgegenständlicher Art) aus der Phantasie zu schaffen;
- in der Lage, die Tiefe von Gestalten bildnerisch zu kennzeichnen;
- in der Lage, Form- und Gestaltkonzepte auf die Kunst zu übertragen.

4.2.4 Vorschläge zur praktischen Umsetzung

● Setze dreidimensionale Materialien ein, die der körperlichen Stärke, körperlichen Reichweite und praktischen Verarbeitungsmöglichkeiten angemessen sind, z.B. Tischtennis- oder Styroporbälle, kleine Schachteln, Eierkartons, Stäbchen, Styroporteile.

● Beginne mit nichtgegenständlichen Objekten, um eine Konzentration ganz auf die Form und Gestalt zuzulassen.

● Hilf den Schülern, die Probleme mit dem Halten eines Werkzeugs haben, diese zu überwinden, indem Du z.B. die Griffe mit Stoff umwickelst, um so eine bessere Greifmöglichkeit zu haben; auch können z.B. kleine Schwämme, die auf eine Strick- oder Häkelnadel aufgespießt sind, Pinsel ersetzen.

● Nimm Körperbehinderten, die Bewegungskontrollprobleme haben, die Furcht vor dem Versagen, indem Du sie in Sand, Mehl, Salz usw. zeichnen läßt, wo also „Fehler" nicht „festgehalten" werden, sondern gleich wieder beseitigt werden können.

● Um Formtiefe beim Zeichnen und Malen zu erzielen, setze Collagen oder Reliefs mit taktilen Medien ein.

● Gib dem Schüler vor und immer wieder während des Zeichnens und Malens die Möglichkeit, die Tiefe des abzubildenden Objekts zu fühlen.

● Zur Entwicklung des Körperbewußtseins: Setze einen großen Spiegel ein, befühle Körperteile, betrachte Bilder Deiner Familienangehörigen und anderer Personen, spiele mit Puppen, bzw. laß die Kinder dies tun.

4.3 Raum

4.3.1 Entwicklungserwartungen

Die Verschiedenheit von Körperbehinderungen hat eine Vielzahl von Problemen mit dem bildnerischen Element zur Folge. Als Folge der Körperbehinderung ist oft eine Desorientierung in Raumbeurteilungen zu beobachten, vor allem hinsichtlich der Entfernung und der Tiefe. Die Gründe hierfür liegen vor allem in (1) der eingeschränkten Bewegungsmöglichkeit, (2) dem Mangel an Bewegungsmöglichkeit in der frühen Kindheit und als Folge dessen ein Mangel an Raumerfahrung, (3) dem dadurch bedingten Mangel an Körperkonzepten und dem mangelnden Bewußtsein und der mangelnden Sicherheit über die eigene Position im Raum. Die Repräsentation zweidimensionaler Gegenstände wird beeinträchtigt durch den Mangel an Gliedern oder durch beschränkte Bewegungsmöglichkeiten, durch beschränkte motorische Kontrolle, durch ungenügende Hand/Auge-Koordination, durch Unsicherheit bezüglich räumlicher Wahrnehmungen und Urteile, durch Muskelschwächen usw.

Zur Entwicklung der Raumwahrnehmung und -darstellung bei Körperbehinderten gilt im wesentlichen folgendes: Im Alter von bis zu 10 Jahren ist eine Entwicklungsverzögerung hinsichtlich Raumkonzepten zu beobachten. Im Alter von 10 oder 11 Jahren erreicht der Körperbehinderte normalerweise dasselbe Raumkonzept wie Nichtkörperbehinderte. Allerdings bleibt die Körperbehinderung bestehen und sie kann weiterhin die Fähigkeiten und Fertigkeiten verzögern. Dies beeinflußt vor allem die

Arten bildnerischer Erfahrungs- und Betätigungsmöglichkeiten, nicht zuletzt im Hinblick auf den Einsatz von Werkzeugen und Materialien, auch wenn die kognitiven Fähigkeiten sich von denen nichtkörperbehinderter Schüler nicht unterscheiden.

4.3.2 Angestrebte kognitive Fähigkeiten
Da ab dem Alter von 10 bis 11 Jahren keine Unterschiede der kognitiven Fähigkeiten bei Körperbehinderten und Nichtkörperbehinderten in bezug auf den Raum festzustellen sind, gelten die nachstehend aufgeführten Punkte nur für Grundschüler.
- Kennt einige Größenunterschiede (groß/klein);
- benutzt sich selbst als Bezugspunkt für räumliche Positionierungen;
- kennt die Position seiner Körperteile;
- kennt einige räumliche Unterschiede: Tiefe, Richtung, Entfernung, z.B. nahe/fern, hoch/niedrig/mittel, links/rechts, oben/unten, daneben, darüber/darunter;
- hat ein Verständnis dafür, daß Raum in der Kunst eingesetzt wird.

4.3.3 Angestrebte Fertigkeiten und Fähigkeiten
- Ist in der Lage, Werkzeuge und Materialien so einzusetzen, daß er mit ihnen ein Bildwerk schaffen kann;
- ist in der Lage, Raumerkenntnisse nach seinen physischen Fähigkeiten auf seine bildnerische Arbeit anzuwenden;
- ist in der Lage, sich selbst im Raum zu positionieren und zutreffende Raumurteile abzugeben sowie durch bewegungsorientierte Erfahrungen ein Raumgefühl zu entwickeln, das wiederum auf seine bildnerischen Aktivitäten angewendet werden kann.

4.3.4 Vorschläge zur praktischen Umsetzung
- Setze möglichst viele kinästhetische Erfahrungen ein, wie:
- Lasse die Schüler sich im Raum in verschiedene Richtungen und auf verschiedenen Distanzen bewegen; achte dabei auf die Verbalisierung.
- Bewege einen Gegenstand im Raum auf verschiedene Positionen und Ebenen: Über/unter, darüber/darunter, links/rechts, nahe/fern, davor/dahinter, in der Mitte usw. Die Schüler bleiben dabei auf ihrer Position und beurteilen die Beziehung zwischen sich und dem Objekt.
- Lasse Schüler sich im Raum, auf dem Hof, Spielfeld usw. positionieren, damit die anderen Schüler Vergleiche über Größe und Raum in Beziehung zu sich selbst und anderen ziehen können.
- Lasse die Schüler die Augen schließen und sich in ihrer Vorstellung im Raum orientieren (Tiefe, Richtung, Entfernung).
- Lasse sie dreidimensionale Objekte berühren und verteile sie auf dem Tisch in unterschiedlichen räumlichen Positionen.
- Diskutiere die Beobachtungen von Schülern und Lehrern über räumliche Erfahrungen der Umgebung.
- Setze Filme, Dias usw. ein, um die beschränkte Raumerfahrung zu erweitern.
- Analysiere Bewegungsabläufe im Raum, zerlege etwa einen Film über einen 100-m-Lauf in seine einzelnen Teile.

- Zeichne drei Linien auf einem Bild (vorne, Mitte, hinten) und zeichne darauf Objekte, die eine entsprechende Größe haben, um die Raumtiefe zu kennzeichnen.

4.4 Farbe

Körperbehinderte haben im allgemeinen keine Schwierigkeiten mit der Farbe. Schüler ohne Hände oder Arme oder mit verkrüppelten Gliedmaßen können allerdings technische Probleme beim Farbauftragen haben dergestalt, daß sie Bewegungs-, Druckschwierigkeiten usw. bei der Benutzung von Farbstiften oder Pinseln haben. Es sollten deshalb weiche, einfach zu handhabende Farbmaterialien verwendet werden, wie etwa Filzstifte, während solche, die Druck erfordern, wie Farb- oder Wachsstifte, vermieden werden sollten.

4.5 Struktur

Körperbehinderte, die ihr Gefühl in den Fingern verloren haben, haben Schwierigkeit, Strukturen zu fühlen. Es sollte deshalb Gewicht auf visuelle strukturelle Unterschiede gelegt werden.

4.6 Bewegung und Rhythmus

Körperbehinderte können zwar Bewegung und Rhythmus sehen, haben aber oft kein richtiges Gefühl dafür — ganz im Gegensatz etwa zu Blinden, die zwar Bewegung und Rhythmus nicht sehen können, dafür aber ein starkes Gefühl hierfür haben. Deshalb sollte versucht werden, ihnen kinästhetische bildnerische Erfahrungen zu vermitteln, die allerdings wieder von Art und Grad der Körperbehinderung abhängen.

5. Kinder mit neurologischen oder perzeptorischen Störungen

5.1 Linie

5.1.1 Entwicklungserwartungen

Ein bei Menschen mit neurologischen oder perzeptorischen Störungen allgemein anzutreffendes schwieriges Problem ist ihr Kampf darum, korrekte perzeptorische Urteile über Richtungen und Raumverhältnisse zu treffen, was wiederum häufig ihre Wahrnehmung für Linien stört.

5.1.2 Angestrebte kognitive Fähigkeiten

- Diskrimination: Erkenne und lerne verschiedene Arten von Linien, z.b. gerade, kurvenförmig, Zick-Zack, gebrochen, wellenförmig, dick, dünn, schwer, leicht.
- Richtungserkennung: Erkenne und lerne die Richtung von Linien, z.b. vertikal, horizontal, diagonal.
- Größenverhältnis: Fähigkeit, Größenverhältnisse zu unterscheiden, z.b. lang/länger/am längsten, kurz/kürzer/am kürzesten.
- Raumverhältnis: Erkenne die Position einer Linie im Raum, z.b. links/rechts, oben/unten, darüber/darunter, hinten/vorne, seitlich usw.
- Verständnis dafür, daß sich wiederholende Linienkombinationen Muster bilden.
- Verständnis dafür, daß Linienkombinationen und sich überschneidende Linien Formen, Gestalten und Bilder produzieren.
- Erkennen, daß Linien in der Mathematik verwendet werden, um geometrische Figuren, Zahlen und mathematische Kürzel zu bilden.
- Erkennen, daß Linien in Gegenständen, in der Natur und an sich selbst zu finden sind.

5.1.3 Angestrebte Fertigkeiten und Fähigkeiten

- Entwicklung der fein- und grobmotorischen Kontrolle, Hand/Auge-Koordination und der Verfolgung der Richtung zur Beherrschung von Werkzeugen und Materialien, um Linien hervorzubringen.
- Fähigkeit, die Wahrnehmungen in bezug auf Linien in bildnerische Erfahrungen und Lernerfahrungen zu übertragen.
- Entwicklung eines Vokabulars in bezug auf Linien.

5.1.4 Vorschläge zur praktischen Umsetzung

- Setze eine zweifache Vorgehensweise ein, nämlich eine Kombination von Linie und motorischen Aktivitäten. Benutze am Anfang große, kräftige, leicht zu handhabende Werkzeuge und Materialien (dicke Pinsel, dicke Filzstifte).
- Nutze gegenständliche, taktile und multi-sensorielle bildnerische Erfahrungen.

5.2 Form

5.2.1 Entwicklungserwartungen

Die Reichweite ist weit: Von Schülern, die jedes Formverständnisses ermangeln, bis zu solchen, die einem nichtbehinderten Schüler in nichts nachstehen. Allerdings haben auch die talentierten behinderten Schüler einige Schwierigkeiten mit dem Formerinnerungsvermögen, der Formvorstellung und der Formorganisation. Allgemein bestehen die Hauptschwierigkeiten in der Formerinnerung, der Gestaltformation, der Wahrnehmung von Tiefe und der Beziehung zwischen Figur und Hintergrund; es bestehen aber auch Probleme hinsichtlich feinmotorischer Fertigkeiten und der Hand/Auge-Koordination.

Der Grad des Entwicklungsfortschritts variiert von Schüler zu Schüler und ist von der Art, dem Ausmaß und dem Grad der Behinderung abhängig. In der Regel werden die Schwierigkeiten aber in der Sekundarstufe überwunden.

5.2.2 Angestrebte kognitive Fähigkeiten

- Kennt und unterscheidet einige grundlegende geometrische Formen und Gestalten;
- kennt den Unterschied zwischen freien und geometrischen Formen;
- weiß, daß die Form zweidimensional und die Gestalt dreidimensional mit Tiefe und Umfang ist;
- kennt Körperformen und -gestalten;
- versteht, daß Silhouetten die Umrisse einer Gestalt darstellen;
- versteht, daß Form und Gestalt für zwei- und dreidimensionale bildnerische Arbeiten genutzt werden.

5.2.3 Angestrebte Fertigkeiten und Fähigkeiten

- Fähigkeit, ein Figur-Grund-Verhältnis herzustellen.
- Entwicklung feinmotorischer Fertigkeiten und der Hand/Auge-Koordination zur Beherrschung von Werkzeugen und Material für die Herstellung von Formen und Gestalten.
- Fähigkeit, geometrische Formen aus dem Gedächtnis zu zeichnen.
- Fähigkeit, erkennbare Phantasieformen und -gestalten zu zeichnen.
- Fähigkeit, Menschen zweidimensional oder dreidimensional in Ton oder anderen plastischen Mitteln darzustellen.
- Fähigkeit, nichtgegenständliche Formen kreativ zu benutzen.
- Fähigkeit, die vorerwähnten kognitiven Fähigkeiten auf die bildnerische Aktivität anzuwenden.

5.2.4 Vorschläge zur praktischen Umsetzung

- Behandle jeweils nur ein Formkonzept, bis dieses durch verschiedene Erfahrungen erfaßt ist.
- Verwende viel Mühe auf das Zeichnen geometrischer Formen.
- Benutze viel taktiles Material zur Tiefenorientierung.

- Entwickle ein Sicherheitsgefühl durch Erfolgserfahrungen für solche Kinder, die meinen, daß sie keine realistischen Bilder produzieren können.
- Entwickle Körperbewußtsein dadurch, daß Figurkonzepte mit zwei- und dreidimensionalen Realisationsweisen gelehrt werden, etwa durch Puppenspiel, Selbstporträts, Einsatz von Spiegel, Nachmalen der Körpersilhouette und anschließendem Ausmalen des Körpers.
- Entwickle eine Sensitivität gegenüber geometrischen und freien Formen in der Umgebung durch den Einsatz multisensorieller Stimuli (Spiele, Kriechen durch große Formen, Dias, Filme, Entdecken von Formen im Klassenzimmer und im Schulbereich, Sammelschachtel mit verschiedenen gesammelten Gegenständen usw.).
- Entwickle ein Formgedächtnis: Augen werden geschlossen, eine Form wird sich vorgestellt, sie wird dann bei offenen Augen gezeichnet, mit einem Muster verglichen . . . usw.
- Stelle Dir selbst ein Puzzle her.
- Um Figur-Grund-Probleme zu überwinden: Nimm nur einen Gegenstand, den Du auf das Papier legst; zeichne oder male dann einen Grund hierzu.

5.3 Raum

5.3.1 Entwicklungserwartungen

Die meisten Schüler mit neurologischen Störungen haben Raumbeziehungsprobleme. Sie sind räumlich desorientiert, was unzulängliche Raumurteile bezüglich der Tiefe, Entfernung, Größe, Richtung, Position sowie Probleme bei der Hand/Auge-Koordination zur Folge hat. Räumliche Positionen werden zu einem Problem, wenn die Schüler mit bildnerischen dreidimensionalen oder anderen raumorientierten Aktivitäten (auch Schreiben) zu tun haben. Dies ist die Folge ihrer Unfähigkeit, ihren Körper als Bezugspunkt für Raumpositionierungen zu nutzen. Schüler, die die beiden Seiten ihres Körpers nicht koordinieren oder integrieren können, haben eindeutige Raumwahrnehmungsschwierigkeiten.

Nicht alle perzeptorisch gestörten Kinder weisen Raumdesorientierungen auf; viele solcher Kinder sind in der Lage, mit Raumverhältnissen zurecht zu kommen. Einige kleine Kinder haben Schwierigkeit, rechts und links auseinanderzuhalten. Aufgrund der audio- und/oder visuell-perzeptorischen Schwierigkeiten können sich Raumprobleme auf kognitiven oder Lerngebieten ergeben. Dies kann zu einem Zusammenbruch des Selbstkommunikationssystems führen, was wiederum in die Unfähigkeit münden kann, Informationen über den Raum auszuwählen, zu organisieren und zu koordinieren und dieses Lernen bewußt in Leistung zu transformieren. Aus diesem Grund betont das nachstehende Programm die Integration von Raumerkenntnissen mit der räumlichen Umsetzung in allen bildnerischen Aktivitäten.

Es kann nur gehofft werden, daß durch ein spezielles Programm die Schüler ihre Raumbeziehungsschwierigkeiten überwinden oder ausgleichen können. Die Mannigfaltigkeit der Raumwahrnehmungsprobleme variiert bei jedem Schüler derartig stark, daß eine Voraussage darüber, wieweit durch ein derartiges Programm ein Entwicklungsfortschritt erzielt werden kann, unrealistisch ist.

5.3.2 Angestrebte kognitive Fähigkeiten

- Versteht, daß Raum Luft ist und nur durch die Beziehung und die Position von Gegenständen und Menschen beurteilt und wahrgenommen werden kann;
- kennt die Körperteile und ihre Beziehung zueinander;
- kennt die Mittellinie des Körpers;
- versteht die Position im Raum in Beziehung zu sich selbst als Bezugspunkt;
- kennt räumliche Unterschiede (Tiefe, Entfernung, Größe, Richtung);
- kennt die Progression im Raum (von links nach rechts, von oben nach unten);
- kann Raumvergleiche anstellen;
- versteht den Unterschied zwischen offenem und geschlossenem Raum;
- versteht, daß räumliche Urteile für alle bildnerischen Aktivitäten und andere schulische Bereiche erforderlich sind (Schreiben, Lesen, Mathematik, Musik, Physik);
- weiß, daß Tiefe, Richtung und Entfernung sowohl drei- als auch zweidimensional dargestellt werden können;
- versteht (etwa ab 10 Jahren), daß dreidimensionale Objekte Höhe, Tiefe und Breite haben.

5.3.3 Angestrebte Fertigkeiten und Fähigkeiten

- Entwickelt ein Körperbewußtsein und -schema;
- ist in der Lage, Raumbeziehungen an sich selbst (Körperteile) zu etablieren;
- ist in der Lage, beide Seiten des Körpers zu koordinieren und gleichermaßen zu benutzen;
- ist in der Lage, die Hand/Auge-Koordination zu entwickeln;
- ist in der Lage, sich selbst im Raum zu orientieren, indem er sich selbst als Bezugspunkt nimmt;
- ist in der Lage, räumliche Unterschiede festzustellen und bei dreidimensionalen bildnerischen Aktivitäten zu nutzen;
- ist in der Lage, Tiefe, Entfernung und Richtung bei allen zweidimensionalen bildnerischen Aktivitäten visuell festzustellen;
- ist in der Lage, seine kognitiven Fähigkeiten in bezug auf den Raum praktisch anzuwenden und umzusetzen.

5.3.4 Vorschläge zur praktischen Umsetzung

- Setze multisensorielle Stimuli ein, wie
- Lauschen von fernen und nahen Geräuschen.
- Gib raumspezifizierende Anweisungen, wenn Du Material verteilst („Gib die Papiere nach **rechts**". „Die Farbe ist **dort hinten**". „Der Kleber liegt **vorne**").
- Achte auf die Verbalisierung von Raumbeobachtungen.
- Benutze den Spiegel zur räumlichen Beobachtung der Umgebung und auch von sich selbst.
- Fühle die Tiefe und Form von Gegenständen (fühle einen leeren Behälter von innen und außen; fülle ihn dann mit Sand, um offenen und geschlossenen Raum zu entdecken).
- Befühle Körperteile, z.B. Arme, Beine, Ohren usw.

- Setze kinästhetische Erfahrungen ein zur Bestimmung der eigenen Position im Raum (Kriechen durch Autoreifen, offene Umzugskartons; Hochspringen; über eine Barriere steigen, unter sie hindurchgehen; Kinder stellen sich selbst und Gegenstände in verschiedene Richtungen und Entfernungen; schließe Deine Augen und identifiziere Gegenstände; Puzzle-Spiele: Füllen eines Raumes).
- Setze bildnerische Methoden ein, um räumliche Kenntnisse und deren Integration in zwei- oder dreidimensionale bildnerische Aktivitäten zu erlernen, wie
- Körperbewußtsein: Zeichne die Umrisse Deines Körpers.
- Ermittle die Mitte Deines Körpers: Zeichne an der Tafel oder auf einem großen Papier große schwingende Linien, wobei der Arm von einer Körperseite über die Körpermitte zu anderen Körperseite fährt.
- Beobachte eine Person, schließe die Augen und zeichne die Person mit geschlossenen Augen; wiederhole diesen Vorgang anschließend mit offenen Augen.
- Zur Einübung von links/rechts: Weben; oben nach unten: Buchstabenschreiben.
- Zur Identifizierung von links: Mache einen farbigen Punkt auf den Daumen Deiner linken Hand und einen Punkt mit der gleichen Farbe an den linken Rand des Projekts (Blatts usw.), an dem Du arbeitest (dasselbe umgekehrt für rechts).
- Richtungslernen: Papierfalten.
- Wähle ein Thema, um Raumvergleiche darzustellen: Groß/klein; nahe/fern; vorne/Mitte/hinten; oben/unten (immer nur ein Konzept zur gleichen Zeit).

5.4 Farbe

Trotz ihrer Behinderung haben Kinder mit diesen Behinderungen keine wesentlichen Probleme mit der Farbe. Im übrigen sei insoweit auf die nachstehende Ziff. 6.4 (Sonstige Behinderungen) verwiesen.

5.5 Struktur

Für Kinder mit neurologischen und perzeptorischen Störungen liegt das Problem in bezug auf die Struktur nicht auf kognitivem Gebiet, sondern in der möglichen visuellen Wahrnehmung sowie in den fern- und grobmotorischen Fertigkeiten, die zur Beherrschung von Werkzeugen und Materialien benötigt werden. Im allgemeinen vermögen derartig behinderte Kinder, mit strukturiertem Material zu arbeiten. Das Arbeiten mit gefundenem (Natur-)Material ist eine ausgezeichnete Erfahrung, wobei diese Schüler ihre Bilder berühren können, um ihre Aufmerksamkeit auf sie zu konzentrieren (empfehlenswert sind also vor allem Collagen aus verschiedenen Materialien). Strukturelle Muster aus Styropor, Gips, Plastillin usw. fördern die feinmotorische Kontrolle und die Hand/Auge-Koordination. Da die Selbstwahrnehmung ein Hauptproblem derartiger Kinder ist, können Collagefiguren von sich selbst das Selbstkonzept besonders fördern.

5.6 Bewegung und Rhythmus

Neurologisch und perzeptorisch gestörte Kinder brauchen Körperrhythmus und Koordinationsbewegungen. Als geeignete Methoden erweisen sich: Nagelbilder, Frottagen (reiben!), Collagen mit Bildern, die Bewegung darstellen (Sport!), Weben, Herstellen von Mobiles, Musikmalen.

6. Sonstige Behinderte

(Verhaltensgestörte, Sprachbehinderte, Gehörlose und Schwerhörige, autistische Kinder)

6.1 Linie

6.1.1 Entwicklungserwartungen

Diese Behinderten weisen, sofern sie keine anderweitige Behinderung haben, eine normale Intelligenz auf. Sofern Schwierigkeiten auftreten, liegen diese nicht im kognitiven und perzeptorischen Bereich, sondern in der motorischen und visuellen Umsetzung und verbalen Verständnisschwierigkeiten. Im einzelnen ist nach den verschiedenen Altersstufen zu unterscheiden.

Alter: 5—6 Jahre: Linien werden benutzt, um Raum zu begrenzen; Grundlinienkonzept und Variationen des Linienvokabulars.

Alter: 7—8 Jahre: Graduelle Elimination der Grundlinie; Gebrauch von Umrißlinien; überschneidende Linien und Horizontlinie.

Alter: 9—10 Jahre: Entwicklung eines Arbeitsvokabulars zur Beschreibung der verschiedenen Arten von Linien (dick, dünn, weich, gebrochen, gepünktelt usw.); Beginn, die Linie einzusetzen, um Stimmungen zu erzeugen und Eigenschaften zu kennzeichnen.

Alter: 11—12 Jahre (über Übergang zum Heranwachsendenalter): Versuche, mit Linien die Perspektive zu kennzeichnen; Linie wird eingesetzt, um Gefühle zum Ausdruck zu bringen; kontrollierter Einsatz von Linien; fortgeschrittener Gebrauch des Arbeitsvokabulars zur Terminologie der Linie.

Charakteristischerweise produzieren gestörte Schüler oft enge, rigid sich wiederholende Linien, während ängstliche, unsichere Schüler oft den zur Verfügung stehenden Raum nicht ausnutzen und ebenfalls rigide oder/und unklare Linien verwenden. Aggressive Schüler verwenden die Linien oft zu ihrer Entlastung, wobei diese Linien schwer, hart, zerfahren und unkontrolliert erscheinen.

6.1.2 Angestrebte kognitive Fähigkeiten

● Diskrimination: Fähig, Linienunterscheidungen zu treffen, z.B. gerade, kurvenförmig, Zick-Zack, wellenförmig, dick/dünn, hart/weich, gebrochen usw.
● Richtungserkennung: Kennt die Richtung von Linien, z.B. vertikal, horizontal, diagonal.
● Größenverhältnisse: Erkennt Unterschiede in der Größe bzw. Länge und Breite, z.B. lang/länger/am längsten usw.
● Linien werden für zwei- und dreidimensionale bildnerische Aktivitäten genutzt und können mit verschiedenen Mitteln produziert werden.
● Raumverhältnisse: Kennt die Position von Linien im Raum, z.B. oben/unten, dahinter/davor, seitlich, darüber/darunter, innen/außen.
● Linien werden zur Kennzeichnung der Perspektive eingesetzt.

- Linien bilden Muster, Buchstaben, Zahlen, mathematische Symbole und Formen.
- Linien werden bei Menschen, Gegenständen, in der Natur und der Umgebung identifiziert.
- Linien können Stimmungen und Charaktereigenschaften ausdrücken, z.B. glücklich, traurig, ängstlich, ruhig, temperamentvoll.

6.1.3 Angestrebte Fertigkeiten und Fähigkeiten

- Kontrolle von Werkzeugen und Materialien zur Hervorbringung von Linien
- Einsatz von Linien bei zwei- und dreidimensionalen Aktivitäten
- Fähigkeit, die oben beschriebenen kognitiven Fähigkeiten in bildnerische und Lernerfahrungen umzusetzen
- Fähigkeit zur Entwicklung eines Linienvokabulars.

6.1.4 Vorschläge zur praktischen Umsetzung

- Um Rigidität in der Linienführung oder (zu) kleine Linien zu überwinden, sollte der Schüler flüssiges Material verwenden (Farbe mit dicken Pinseln, Schwämme, Fingerfarben, Filzstifte).
- Für Schüler, die der Selbstkontrolle und Sicherheit bedürfen, empfehlen sich bildnerische Aktivitäten mit Federhalter und Tinte und Stiften, um so kontrollierte Bewegungen zu ermöglichen bzw. zu erzwingen.
- Autistischen Kindern sollte die Möglichkeit zur Bewegung gegeben werden.
- Erforderlich sind Wiederholungen und die Unterstützung des Lehrers.

6.2 Form

Grundsätzlich erreichen derartige Behinderte, die ja eine normale Intelligenz aufweisen, die gleichen Fähigkeiten und Fertigkeiten in bezug auf die Form — allerdings aufgrund ihrer jeweiligen Behinderung in einer ihnen eigenen Entwicklungsgeschwindigkeit.

Alter: 5—6 Jahre: Die Größe der Objekte in den Zeichnungen hängt von der Bedeutung ab, die der Schüler ihnen zumißt. Das Kind ist in der Lage, einfache Formen in Ton oder Plastillin herzustellen; es ist ferner fähig, einfache Strukturen und Gestalten nach geometrischen Mustern zu produzieren.

Alter: 7—8 Jahre: Mehr Details in den Zeichnungen mit dem Versuch, Raumtiefe zu kennzeichnen; kann Formen in der Natur zu Formen in Produkten in Beziehung setzen.

Alter: 9—10 Jahre: Größenverhältnisse beginnen in Zeichnungen aufzutauchen; Kennzeichen von Raumtiefe durch Größenverhältnissen; auch komplexere Formen werden beherrscht.

Alter: 11—12 Jahre (mit Übergang zum Heranwachsendenalter): Formkonzepte sind recht gut etabliert; dennoch wird die Bedeutung von Gegenständen noch immer teilweise durch ihre Größe in der Darstellung hervorgehoben; kenntnisreicher Einsatz der Form im Raum entsprechend der Tiefe, Breite und Höhe.

In der Sekundarstufe ergeben sich keine Unterschiede zwischen Schülern mit den hier beschriebenen Behinderungen und solchen ohne Behinderung.

Autistische Schüler
Sie sind aus kinästhetischen und sensoriellen Gründen an der Form interessiert. Der ästhetische Wert einer Form ist für sie bedeutungslos. Sie reagieren besser auf Gegenstände als auf Menschen, da ihre Psyche statisch ist und sie Veränderungen in ihrer Umgebung fürchten.

Verhaltensgestörte
Hier lassen sich in bezug auf die Form zwei Verhaltensweisen unterscheiden. Die eine Art weist eine rigide Vorgehensweise in bezug auf dreidimensionale Aktivitäten auf und erreicht eine Ausgewogenheit in allen bildnerischen Aktivitäten, die mit Form zu tun haben. Die andere Gruppe zeigt eine desorientierte, recht unregelmäßige, unklare und verworrene Vorgehensweise in bezug auf Form und Gestalt, was sich vor allem bei dreidimensionalen Aktivitäten zeigt.

Sprachbehinderte
Bei ihnen ist es notwendig, sie zur Verbalisierung ihrer Ansichten und Gefühle über Formen und Gestalten zu veranlassen. Es muß dem Kind daher die Zeit gegeben werden, über sein Bild eingehend zu sprechen; es muß ermutigt werden, nicht nur die Form zu benennen oder sich knapp auszudrücken, sondern sich in vollen Sätzen zu artikulieren.

6.3 Raum

Grundsätzlich ergeben sich keine Unterschiede zu Nichtbehinderten. Allerdings sind manchmal Entwicklungsverzögerungen zu beobachten.

Alter: 5—6 Jahre: Die Größe der dargestellten Objekte ist abhängig von der ihnen durch das Kind zugemessenen Bedeutung; erkannt werden oben und unten; die Grundlinie wird benutzt.

Alter: 7—8 Jahre: Bewußtsein für offenen und geschlossenen Raum; mehr Details in den Zeichnungen mit dem Versuch, Tiefe anzuzeigen; Konzept für nahe und fern; kennt rechts und links.

Alter: 9—10 Jahre: Größenverhältnisse beginnen in Zeichnungen zu erscheinen; Versuch, Tiefenverhältnisse in Zeichnungen zu kennzeichnen.

Alter: 11—12 Jahre (mit Übergang ins Heranwachsendenalter): Raumkonzepte haben sich recht gut durchgesetzt; dennoch wird die Größe der Objekte in der Zeichnung noch immer gelegentlich durch die ihnen zugemessene Bedeutung bestimmt; Liebe zum Detail; Sensitivität für alle Raumarten.

In der Sekundarstufe ergeben sich hinsichtlich des Raumverständnisses und der Raumdarstellung zwischen Behinderten der hier behandelten Art und Nichtbehinderten keine Unterschiede.

Sprachbehinderte
Es muß Wert darauf gelegt werden, daß diese Kinder die Raumverhältnisse in ihren bildnerischen Arten eingehend verbalisieren, wobei auf vollständige Sätze zu achten ist („Mein Bild zeigt die Katze **vor** dem Haus. Das Haus steht **hinter** der Katze.")

Autistische Kinder
Sie zeigen ein durchaus gutes Raumverhältnis, haben aber Schwierigkeiten, Objekte im Raum richtig zu positionieren.

6.4 Farbe

Grundsätzlich ergeben sich keine Unterschiede gegenüber Nichtbehinderten. Allerdings können gewisse Verschiebungen in der Entwicklung auftreten.

Alter: 5—6 Jahre: Farbbewußtsein, vor allem, um sich an Farben zu freuen; Farbe wird sehr stark nach ihrem Gefühlswert betrachtet und benutzt; Farberkennung; Entdecken von Farben in der Umgebung.

Alter: 7—8 Jahre: Kenntnisse in Farbmischen; Kenntnisse in Farbwerten (hell/dunkel), Intensität (leuchtend/stumpf), Gefühlswert (warm/kalt), Stimmungswert (fröhliche/traurige Farben).

Alter: 9—10 Jahre: Wählen von Farbkombinationen (Stimmungswert, Gefühlswert, Umgebung, Ton); Beherrschung der Farbmischungen; Beherrschung eines Grundvokabulars für Farben (Primär-, Sekundär-, Komplimentärfarben usw.).

Alter: 11—12 Jahre (mit Übergang zum Heranwachsendenalter): Volle Entwicklung des Farbvokabulars; Kenntnis der Funktion der Farben in ihrer Beziehung zu künstlerischen Medien und Aktivitäten; Farbstufen und -schattierung.

In der Sekundarstufe ergeben sich keine Unterschiede zu Nichtbehinderten.

Autistische Kinder
Da es schwierig ist, von autistischen Kindern Reaktionen zu erhalten, sollten solche Mittel eingesetzt werden, die für sie ungewohnt sind und die sie eher zu spontanen Reaktionen veranlassen können. Empfehlenswert sind (Farb-)Lichtorgeln, flackerndes (farbiges) Licht, Farbprojektionen (durch Dia-, Overheadprojektoren usw.)

6.5 Struktur

Auch hier gilt, daß keine grundsätzlichen Unterschiede zu Nichtbehinderten bestehen, daß aber Verschiebungen, insbesondere Verzögerungen in der Entwicklung auftreten können.

Alter: 5—6 Jahre: Sensitivität für verschiedene Strukturen; Versuche, Strukturen in Zeichnungen und Gemälden zu zeigen.

Alter: 7—8 Jahre: Bewußtsein für Strukturen, die die Kinder sehen und fühlen können; Versuche, von ihnen beobachtete Strukturen bildnerisch umzusetzen.

Alter: 9—10 Jahre: Beginn, den Wert von Strukturen im wesentlichen zu erfassen (etwa in Architektur, Landschaft, Plastik); arbeitet mit Struktursubstanzen, um Bilder, Formen, Plastiken, Collagen usw. zu bilden.

Alter: 11—12 Jahre (mit Übergang zum Heranwachsendenalter): Es wird darauf geachtet, daß die Oberfläche trotz der aufgetragenen Struktur ihre Identität behält; die Herstellung graphischer Strukturen wird im wesentlichen beherrscht.

6.6 Bewegung und Rhythmus

Zwei Arten von Behinderungen bedürfen einer besonderen Behandlung.

Sprachbehinderte

Das Vertrautsein mit Bewegung und Rhythmus befähigt diese Behinderten, sich stärker des Sprachrhythmus bewußt zu werden. Es ist zu hoffen, daß durch bildnerische Erfahrungen ein Bewußtsein für Rhythmus und Bewegungen in der unmittelbaren Umwelt und Umgebung erzielt wird und daß durch rhythmische bildnerische Erfahrungen ein Gefühl für Rhythmus in sich selbst und in der Kunst sich entwickelt. Bildnerische Erfahrungen, die diesen Prozeß fördern können, sind: Zeichnen und Malen von sich im Wind bewegenden Bäumen, Meereswellen, heftiger Regenguß, Vögel im Flug, ferner Lauschen auf tropfendes Wasser, sprudelndes Wasser beim Kochen, sowie bildnerische Darstellung von Bewegungsvorgängen (hopsen, hüpfen, weit und hoch springen, laufen, schwingen), letztlich Drehen und Biegen von Draht, Herstellen von Mobiles.

Schwerhörige/Gehörlose

Gehörlose, die Musik und Umweltgeräusche nicht hören können und deshalb deren Rhythmus nicht akustisch erfassen können, haben andere sensorielle Mittel, diesen Rhythmus zu erfahren. Empfehlenswert ist vor allem, sie die Vibrationen spüren und dieses Gefühl bildnerisch übertragen zu lassen.

Im übrigen gelten bezüglich aller hier erwähnten Behinderungen die Darstellungen oben unter 1.6 betreffend Lernbehinderte entsprechend.

7. Behinderte im Vorschulalter

7.1 Linie

7.1.1 Angestrebte kognitive Fähigkeiten
- Identifikation: Erkenne eine Linie.
- Diskrimination: Erkenne einige Linienunterschiede, z.B. gerade, wellenförmig usw.
- Richtungserkennen: Erkenne einige Richtungen von Linien, z.B., vertikal und horizontal.

7.1.2 Angestrebte Fertigkeiten und Fähigkeiten
- Entwicklung der feinmotorischen Fertigkeiten
- Hand/Auge-Koordination und Verfolgen einer Richtung zum Zwecke der Beherrschung von bildnerischer Werkzeugen und Materialien, um beim bildnerischen Prozeß Linien zu produzieren.

7.1.3 Vorschläge zur praktischen Umsetzung
- Beginne mit Kritzeln; gehe dann zu geraden, gewellten usw. Linien über.
- Verbinde Punkte zu Linien.
- Zeichne Linien im Sand.
- Pünktele eine Linie.
- Drehe einen Draht.
- Bilde eine gewellte Linie aus einem Faden.

7.2 Form

7.2.1 Angestrebte kognitive Fähigkeiten
- Unterscheidung und Erkennung einiger einfacher Grundformen
- Erkennung der eigenen Körperformen und Formen der unmittelbaren Umgebung
- Erkennung einiger nichtgeometrischer (freier) Formen, wie z.B. Baumkrone, Wolke usw.

7.2.2 Angestrebte Fertigkeiten und Fähigkeiten
- Einsatz der Form in bildnerischen Aktivitäten mit der Fähigkeit, Unterscheidungen zu treffen
- Fähigkeit, Formen zu erkennen und — gegebenenfalls unter Zuhilfenahme von Schablonen — einige Grundformen zu zeichnen und sie später auch aus dem Gedächtnis zu zeichnen.
- Erkennung einfacher Formen in der Umgebung

7.2.3 Vorschläge zur praktischen Umsetzung
- Benutze Linien, um Formen zu bilden. Taktile Medien eignen sich am besten zum „Entdecken".
- Benutze dreidimensionale Medien und Aktivitäten, wobei jede Aufgabe in kleine Teilstücke zerlegt wird.

- Nutze vor allem die sensorischen Stimuli von Berühren und Anschauen.
- Entwickle das kinästhetische Bewußtsein durch Spiele: Sortieren und Zusammenstellen von Objekten.
- Benutze Grundformen, die Du aus Papier ausschneidest, um Häuser, Menschen, Tiere usw. aus ihnen zu bilden.
- Nimm Ton oder Plastillin, um Formen herzustellen.
- Sortiere und stelle ähnliche Objekte zusammen.
- Benutze einen Projektor, um Bilder vom Körper oder Körperteilen zu produzieren.
- Nimm verschiedene kleine Schachteln (Klein-Verpackungsmaterial) und baue daraus Gegenstände (Häuser usw.).
- Krieche in und durch große Formen (z.B. Umzugskartons).
- Schneide verschiedene Formen (Kreise, Rechtecke, Dreiecke usw.) aus, mische diese, verteile sie und spiele damit ein Kartenspiel (der eine Spieler muß am Ende nur Kreise haben, ein anderer nur Rechtecke usw.).

7.3 Raum

Raum ist für das kleinste Kind eine ziemlich abstrakte Sache — zumindest dann, wenn man sich mit ihm verbal darüber verständigen will. Anders sieht es schon aus, wenn man dem kleinen Kind die Möglichkeit gibt, Raum zu erfahren.

7.3.1 Angestrebte Fähigkeiten

- Wahrnehmung von Entfernung (nahe/fern)
- Wahrnehmung von Richtungen (zu/von, nach unten/nach oben)
- Wahrnehmung der Position (innen/außen)
- Wahrnehmung des Körpers (Kopf: oben, Fuß: unten, Arm: Seite)
- Größenunterscheidungen (groß/klein, lang/kurz)
- Fähigkeit, sich in einem gewissen Maß im Raum zu orientieren.

7.3.2 Vorschläge zur praktischen Umsetzung

- Entwickle Raumwahrnehmungen durch wiederholte Beobachtungen, Gespräche, Fragen.
- Konzentriere Dich zunächst auf eine Raumbeziehung; gehe zu anderen räumlichen Beziehungen erst über, wenn diese eine Raumbeziehung zuverlässig beherrscht wird.
- Benutze Bauklötzchen und Ton für Bewußtseinsbildung von Tiefe und Entfernung.
- Spiele Versteckspiele: „. . . wer hinter mir steht, vor mir steht, neben mir . . . über mir . . ." usw.
- Male Bilder, die eine klare räumliche Zuordnung wiedergeben: Himmel: oben, Erde: unten.
- Bastle aus einem Karton eine Bühne mit Figuren (achte dabei auf die räumliche Struktur der Bühne).

7.4 Farbe

7.4.1 Angestrebte kognitive Fähigkeiten

- Erkennen von Farben
- Herausfinden und Zusammenstellen gleicher Farben
- Finden bestimmter Farben an sich selbst (Kleidung) und an Gegenständen der Umgebung.

7.4.2 Angestrebte Fertigkeiten und Fähigkeiten
- Fähigkeit, Grundfarben zu erkennen
- Fähigkeit, Farben zu sortieren und zusammenzustellen
- Fähigkeit, von einem selbst bevorzugte Farben auszuwählen
- Fähigkeit, Farben in der Umgebung zu identifizieren (Himmel: blau, Wiese: grün).

7.4.3 Vorschläge zur praktischen Umsetzung
- Konzentriere Dich zunächst immer nur auf eine Farbe.
- Assoziiere Farben mit Objekten.
- Finde Farben an der Kleidung oder Umgebung heraus.
- Fingerfarben- und Schwamm-Malen mit Farben, z.B. Schwamm-Malen von Baumkronen.
- Koche Naturmaterialien aus, um Farben herzustellen, z.B. Tee (braun), Zwiebelschalen (gelb), Heidelbeeren (violett), Kaffee (braun), Brombeere (blaugrau) usw.

7.5 Struktur

7.5.1 Angestrebte Fertigkeiten und Fähigkeiten
- Fähigkeit, glatt und rauh, hart und weich usw. zu fühlen

7.5.2 Vorschläge zur praktischen Umsetzung
- Tastspiele: Lege ein strukturiertes Objekt in einen Sack, lasse die Kinder die Struktur betasten und beschreiben.
- Lasse auf Schmirgelpapier mit Wachsstiften malen.
- Gipsgießen: Fühle und sehe, wie weich der trockene Gips ist, wie er schmierig wird, wenn Wasser zugegeben wird, wie er am Schluß hart wird.

7.6 Bewegung und Rhythmus

7.6.1 Angestrebte Fähigkeiten
Bewegung und Rhythmus sind grundlegende Voraussetzungen einer ästhetischen Entwicklung. Wegen der Bedeutung im einzelnen und den damit erstrebten Fähigkeiten und Fertigkeiten kann auf die Ausführungen zu den verschiedenen Formen der Behinderung (jeweils unter der Unterziffer 6) verwiesen werden.

7.6.2 Vorschläge zur praktischen Umsetzung

- Reibungen (Frottagen) mit Stiften.
- Verwandle Dich in einen Baum und schwinge im Wind.
- Verwandle Dich in ein Häschen und springe umher (am besten bei Musik).
- Male mit Deodorant-Rollern.

6. Glossar

Kunsterziehung für Behinderte ist ein Schnittpunkt verschiedener Disziplinen: Sonderpädagogik, Kunstpädagogik, Psychologie, Medizin. Es läßt sich deshalb nicht vermeiden, auch in einem für die Praxis bestimmten Buch Fachausdrücke zu verwenden. Dies ist schon deshalb geboten, weil mit diesen Fachausdrücken bestimmte Begriffsinhalte verbunden sind. Das Glossar soll dem Leser Klarheit darüber verschaffen, in welchem Sinne die in diesem Buch verwendeten Fachausdrücke verwendet werden.

Abnorm. Nicht einem (statistischen oder idealen) Standard entsprechend.

Abnormes Verhalten. Von der Norm abweichendes Verhalten. → Verhaltensauffällige.

Abreaktion, abreagieren. Entladung von aufgestauten Affekten.

Abstraktion. Gedanklicher Prozeß, der Teilinhalte vom Ganzen des Bewußtseinsinhalts ablöst.

Abstraktionsvermögen. Fähigkeit, abstrakte, d.h. nichtgegenständliche Vorstellungen verwenden zu können.

Abweichendes Verhalten. Weicht in negativer Richtung von der Norm ab. In der Regel als Symptom tiefer liegender Probleme anzusehen, zu deren Zustandekommen verschiedene Faktoren beitragen können (z.B. Schädigung des Zentralnervensystems, Anlage usw.). Eine wichtige Rolle spielt die nähere und weitere Umwelt.

Ausagieren. (acting out) Handlungen meist impulsiven Charakters, die im Vergleich mit dem gewöhnlichen Motivationssystem des Subjekts einen Bruch darstellen.

Adäquat. Entsprechend, angemessen.

Adoleszenz. Jünglings- bzw. Jungfrauenalter nach eingetretener Geschlechtsreife.

Affekt. Intensives, relativ kurz dauerndes Gefühl, das sich oft in starken Ausdrucksbewegungen äußert.

Affektiv. Gefühlsbetont bzw. affektbedingt.

Affektivität. Gesamtheit des emotionalen Geschehens, des Gefühls-, Gemütslebens. Im engeren Sinne Gefühlsansprechbarkeit eines Menschen. →Emotionalität.

Affektstörung. Von der Norm abweichende Veränderungen in der Ansprechbarkeit und Äußerung der Affekte.

Aggression. Angriffs-, Droh- bzw. Kampfverhalten mit dem Ziel der Dominanz gegenüber einem Gegner.

Aggressivität. Habituell gewordene aggressive Haltung. → Aggression.

Agnosie. Unfähigkeit, trotz erhaltener Funktionstüchtigkeit der Sinnesorgane Wahrnehmbares zu erkennen und einzuordnen.

Agnosie, akustische. Zentrale Hörstörung, bei der gehörte Sprachlaute von anderen Geräuschen nicht unterschieden werden können.

Aktivierung. Erregung von neuralen und psychologischen Prozessen durch innere und äußere Reize, die Aktionen vorausgeht.

Alexie. Wortblindheit, Verlust der Lesefähigkeit durch Hirnverletzungen oder -erkrankungen.

Ambivalent. Gleichzeitiges Bestehen entgegengesetzter Gefühle und Willensrichtungen.

Angst. Lebensgefühl, das mit Erregung, Beengung, Verzweiflung verknüpft ist, charakterisiert durch die Aufhebung der willensmäßigen und verstandesmäßigen Steuerung der Persönlichkeit.

Anpassung. Abstimmung des Verhaltens und des ganzen Seelenlebens eines Einzelindividuums auf die gesellschaftlichen und sonstigen Normen seiner Umgebung.

Anschauliches Denken. Wahrnehmungsnahes Denken mit geringem Abstraktionsgrad. Umformung von Problemen in anschaulichen Schemata.

Anschauung. Wahrnehmung mit dem Gesichtssinn, unmittelbares Erfassen eines Gegenstandes im Gegensatz zu der mittelbaren Erfassung durch das Denken (Urteile und Begriffe).

Aphasie. Sprachstörungen, die nicht durch eine Beeinträchtigung der Sprachwerkzeuge, sondern durch eine Läsion des Zentralnervensystems hervorgerufen werden.

Assoziation. Verknüpfung seelischer Inhalte dadurch, daß eine Vorstellung eine andere ins Bewußtsein ruft, wobei zwischen beiden eine gewisse, oft nur entfernte Ähnlichkeit besteht.

Astigmatismus. Sehfehler, der die Verzerrung gesehener Objekte hervorruft.

Audiovisuelle Lehr- und Lernmittel. Zu Unterrichtszwecken geschaffene oder eingesetzte technische Medien mit auditiver, visueller oder audio-visueller Kommunikationsmöglichkeit.

Auditiv. Das Hören betreffend.

Auditorisch. Das Gehör betreffend.

Aufmerksamkeit. Die auf die Beachtung eines Objekts (Vorgang, Gegenstand, Idee usw.) gerichtete Bewußtseinshaltung, durch die das Beobachtungsprojekt apperzipiert wird. Erhöhter, konzentrierter Einsatz des Aufnahme- und Verarbeitungsapparates.

Ausdruck. Allgemein körperliche Zeichen, aus denen Seelisches zu erkennen ist.

Ausdrucksfähigkeit. Ausmaß, in dem sich bei einem Menschen emotionale Erlebnisse als Ausdruckserscheinungen zeigen. Fähigkeit, den Ausdruck solcher Erlebnisse willentlich darzustellen.

Ausdrucksflüssigkeit. Fähigkeit, Sachverhalte in verschiedene sprachliche Formulierungen zu bringen.

Autismus. Rückzug aus dem Leben der Gemeinschaft in selbstgewählte Einsamkeit. ·

Bedürfnis. Zustand eines Mangels, Fehlen von etwas, dessen Behebung verlangt wird. Das, was ein Lebewesen zu seiner Erhaltung oder Entfaltung notwendig braucht.

Behinderung. Personale und soziale beeinträchtigende Folgen einer Schädigung. Schädigung ist jede Abweichung eines Individuums von funktionalen oder körperlichen Normen. → Benachteiligung.

Belohnung. Allgemein: Anerkennung. In Lernexperimenten Verstärkung oder Bekräftigung oder Anreiz, ein Lebewesen zu motivieren.

Benachteiligung. Schwierigkeiten, die einem Behinderten durch die Umwelt widerfahren.

Beobachtung. Zielgerichtete und methodisch kontrollierte Wahrnehmung von Objekten, Ereignissen und Prozessen.

Bewußtsein. Gesamtheit der Bewußtseinsinhalte; das in klarer Vergegenwärtigung gegebene Wissen von Seinsinhalten (Erleben, Erinnerung, Vorstellung, Denken), das begleitet wird von einem Wissen darüber, daß das Subjekt es ist, das diese Inhalte erlebt.

Bildungsfähigkeit. Sonderpädagogische Kategorie, in der Regel nach Graden oder Stufen unterteilt, die durch IQ-Bereiche definiert sind.

Blockierung. Sperre, Hemmung, Unterbrechung.

Cerebral. Zum Gehirn gehörig.

Charakter. Gesamtgefüge aller im Laufe des Lebens gleichbleibender Grundzüge von Haltungen, Einstellungen, Strebungen, Gesinnungen und Handlungsweisen, die das Besondere eines Individuums grundlegend bestimmen.

Defekt. Geistiger oder körperlicher Mangel. Unwiederbringlicher Verlust von früher vorhandenen Fähigkeiten durch Krankheitsvorgänge.

Depression. Verbreitete Form der psychischen Störung mit trauriger Gestimmtheit, gedrückter, pessimistischer Stimmungslage, Niedergeschlagenheit, Antriebsminderung, leichter Ermüdbarkeit.

Desorientierung. Fehlen der Fähigkeit, sich in Raum, Zeit oder über die eigene Person zu orientieren.

Destruktion. Auf Zerstörung gerichtetes Verhalten.

Diagnose. Erkennung, Feststellung, Prüfung des körperlichen wie auch des psychischen Bestandes mittels Anamnese, Exploration und Untersuchung.

Didaktik. Befaßt sich mit den Theorien des Unterrichts im weitesten Sinn. Gemeinsames Ziel der einzelnen didaktischen Ansätze ist es, das Gesamt der den Unterricht bedingenden Faktoren zu ermitteln und das zwischen diesen Faktoren bestehende Interdependenzverhältnis zu berücksichtigen.

Differenzierung. Allgemein: Unterscheidung, Abstufung, Sonderung. Fähigkeit, wahrnehmungsmäßige und erkenntnismäßige Bestandteile (Reize), Faktoren und Strukturen der Gegenstandswelt zu unterscheiden und entsprechend unterschiedlich auf sie zu reagieren und zu handeln.

Diskrimination. Bezeichnung für die Unterschiedsleistung beim Auseinanderhalten von Reizen.

Diskursives Denken. Planmäßig mit steter Überprüfung der Denkschritte fortschreitendes Denken. Im weiteren Sinne das begriffliche Denken schlechthin im Gegensatz zum intuitiven, einfallsartigen Denken.

Dissoziation. Zerteilung, Trennung, Auflösung, z.B. das Zerfallen von assoziativen Vorstellungsverbindungen unter dem Einfluß neuer Eindrücke.

Distanz. Räumliche Entfernung zwischen zwei Punkten. Auch der Zeitabstand zwischen zwei Ereignissen.

Divergentes Denken. Divergente Produktion von Lösungsvorschlägen für Probleme.

Dysfunktion. Falsche, gestörte Funktion.

Dyslexie. Jedes erschwerte Lesen, häufig mit Sprachschwäche verbunden. → Leseschwäche.

Echolalie. Mechanisches Nachsprechen von Worten und Sätzen als Form der Echoerscheinungen.

Egozentrismus des Kindes. (Piaget) Bezeichnung für das wenig bewegliche und nicht differenziert anschauliche Denken des Kleinkindes, das sich auf wenige Dimensionen der Wirklichkeit zentriert. Es ist noch unfähig, Standpunkte und Betrachtungsweisen von anderen zu übernehmen.

Einsichtsfähigkeit. Fähigkeit, gegebene Sinnzusammenhänge zu erfassen.

Emotion. Gemütsbewegung, Gefühl. → Gefühl.

Emotional. Gefühlsbetont, gemütsbewegt, mit Emotionen zusammenhängend.

Emotionalität. Individuelle Gefühlsansprechbarkeit.

Empfindlichkeit. Grad der Empfänglichkeit für Eindrücke, besonders für die Ansprechbarkeit eines Sinnes auf Reize.

Energie. Leistungs- und Wirkfähigkeit. Tatkraft als der hinter der Tat liegende Antrieb. Kennzeichnend ist die „Spannung", die die Energie verleiht.

Entwicklung. Prozeß der fortschreitenden Differenzierung (Ausgliederung von Teilfunktionen aus diffuseren Ganzheiten) und der gleichzeitigen Zentralisierung (vereinheitlichende Zusammenfassung der Teilfunktionen in Richtung auf ein Ziel hin). Funktionsreifung.

Entwicklungsalter. Stand der Entwicklung eines Individuums, bezogen auf das Durchschnittsniveau der gleichaltrigen Individuen seiner Art.

Entwicklungsstörung. Hindernis oder Ergebnis einer Behinderung der Entwicklung.

Erfolg. Positive Bestätigung, die sich im Erleben als aktivierende Variable auswirkt und zugleich Motivation, Kognition, Lernen, Lernerfolg u.a. beeinflußt.

Erziehungsschwierigkeit. Abweichen durch auffälliges Verhalten von der Durchschnittsbreite der erzieherischen Erwartungsvorstellungen.

Evaluation. Bewertung. Auswertung und Interpretation von Informationen über die Wirkung von Handlungen. Messen von Wirkungen der verschiedensten Interventionen oder von Aktionsprogrammen.

Fähigkeit. Gesamtheit der zur Ausführung einer bestimmten Leistung erforderlichen Bedingungen.

Farbe (Erscheinungsweisen). Besondere Beschaffenheit der Farben in komplexen Wahrnehmungssituationen, in denen die Farbe außer durch die Momente Farbton, Helligkeit und Sättigung durch Feldfaktoren bestimmt sind, die in den räumlichen und zeitlichen Verhältnissen der gesamten Reizung begründet sind.

Farbenblindheit. Farbensinnstörung. Unvermögen, alle Farben zu erkennen und zu unterscheiden.

Fertigkeit. Die durch Übung automatisierte, d.h. ohne stete Steuerung und Kontrolle durch das Bewußtsein ablaufende Tätigkeitskomponente.

Figur-Grundverhältnis. Wahrnehmungsorganisation. Bezeichnung dessen, daß das Gesichtsfeld nicht als ungegliedert, sondern als gegliedert und in sich abhebbar erlebt wird.

Fingermalen. Freies bildnerisches Gestalten durch Aufstreichen von Farben auf Papier usw. mit den Fingern. Vor allem als psychotherapeutisches Verfahren bei Kindern eingeführt.

Flexibilität. Umstellungsfähigkeit beim Problemlösen, also die Fähigkeit zum Umstrukturieren und zum Wechsel der Lerneinstellung.

Funktion. Auf die Erreichung eines bestimmten Zwecks gerichtete Tätigkeit. Die zur Erfüllung einer bestimmten Aufgabe zweckdienliche Leistung.

Ganzheit. Sachliche und bedeutungshafte Geschlossenheit, Vollständigkeit, Unversehrtheit eines Gegenstandes. Im engeren Sinne ein Gebilde, dessen Eigenart nicht durch Zusammensetzen der Eigenschaften seiner Teile abgeleitet werden kann. Das Ganze weist vielmehr andere Eigenschaften auf als seine einzelnen Komponenten.

Gedächtnis. Die individuell unterschiedlich ausgebildete Fähigkeit, Sinneswahrnehmungen, Erfahrungen und Bewußtseinsinhalte zu registrieren, über längere oder kürzere Zeit zu speichern und bei geeignetem Anlaß wieder zu reproduzieren.

Gefühl. Nicht auf anderes zurückführbare Grundbefindlichkeit des Erlebens: Freude, Ärger, Mitleid, Abscheu.

Gesichtssinn. Gesamtbezeichnung für die Wahrnehmungen des Auges.

Gestalt. In der Gestaltpsychologie ein geschlossenes, in sich gegliedertes Ganzes, dessen Gliedteile untereinander in gegenseitiger Abhängigkeit stehen und das mehr darstellt als die Summe seiner Teile.

Haptik, haptisch. Gesamtheit der Tastwahrnehmungen; zum Tastsinn gehörig. → Tastempfindung.

Hemmung. Behinderung oder Bremsung einer Funktion. Subjektives Erleben der Gehemmtheit.

Hyperaktivität. Verhaltensstörung, die in der frühen Kindheit beginnt und gekennzeichnet ist durch fortwährende Ruhelosigkeit und Aufmerksamkeitsmängel.

Ich-Funktion. Sammelbezeichnung für die Leistungen des Ich, wie Denken, Wahrnehmen, Gedächtnis.

Identifikation, Identifizierung. Gleichsetzung, Verschmelzung. Vorgang, durch den man jemand anders ähnlich sein möchte. Identifikationsmöglichkeit mit Lehrer ist Basis für Lernen.

Identität. Selbigkeit. Einheit in seinem Selbstsein.

Individuation. Entwicklung eines Menschen zur eigen- und selbständigen Persönlichkeit.

Infantilismus. Stehenbleiben auf kindlicher Entwicklungsstufe sowohl in Denk- wie in Verhaltensweisen.

Integration. Zusammenschluß, Vereinigung. In der Psychologie das einheitliche Zusammenwirken mit gegenseitiger Durchdringung der verschiedenen psychologischen Prozesse.

Intellekt. Verstand, Denkvermögen.

Intelligenz. Verstand verbunden mit geistigen Fähigkeiten in ihrer potentiellen und dynamischen Bedeutung.

Intelligenzalter. Stand der Intelligenz eines Individuums (Kindes) bezogen auf die geistige Leistungsfähigkeit des altersgemäßen Intelligenzdurchschnitts.

Intelligenzquotient (IQ). Maß für intellektuelle Leistungsfähigkeit einer Person. Verhältnis der Intelligenzleistungen eines Individuums zum statistischen Mittelwert der Altersgruppe.

Interaktion. Art der Gegenseitigkeitsbeziehung der Mitglieder einer Gruppe.

Diese richten ihr Verhalten nach den Erwartungen und positiven wie negativen Einstellungen der anderen Gruppenmitglieder sowie nach ihrer Einschätzung der Gruppensituation.

Interpersonale Wahrnehmung. Gegenseitige Wahrnehmung und Beurteilung von interagierenden Personen.

Kategorisierung. Prozeß, in dem ein Element, z.B. ein wahrgenommenes Objekt, vermittels seiner Merkmalstruktur einer bestimmten Kategorie zugeordnet wird.

Kinästhesie. Bewegungswahrnehmung. Bezeichnung für Bewegungswahrnehmungen, die durch die Bewegung des eigenen Körpers (Stellung, Geschwindigkeit, Beschleunigung) oder seiner Glieder vermittelt werden.

Kognition. Sammelbezeichnung für alle Vorgänge und Strukturen, die mit dem Gewahrwerden oder Erkennen zusammenhängen, wie Wahrnehmung, Erinnerung, Vorstellung, Begriff, Gedanke.

Kognitiv. Erkenntnismäßig, auf die Erkenntnis bezogen.

Kommunikation. Übermittlung einer Botschaft von einem Sender zu einem Empfänger. Im weiteren Sinne Aufbau von sozialen Kontakten durch Empfangen und Geben von Informationen.

Kompensation. Ausgleich, Ersatz. Wirkliche oder vermeintliche Mängel werden durch besondere Leistungen auf anderen Gebieten kompensiert.

Konditionierung. Erlernen bedingter Reflexe, welche im Gegensatz zu den natürlichen unbedingten Reflexen willkürlich erzeugbar sind.

Konflikt. Widerstreit, Zusammenstoß von zwei oder mehr unvereinbaren Motiven oder Interessen.

Kontakt. In-Verbindung-Treten, Beziehungsaufnahme.

Kontrolle. Bezeichnung für sämtliche Maßnahmen in Planung und Ausführung.

Konzentration. Aktive Hinwendung der Aufmerksamkeit auf einen bestimmten Bewußtseinsinhalt.

Konzept. Plan, Programm. Begriff, in dem die Summe von Einzelvorstellungen zusammengefaßt werden.

Konzeption. Begriffsbildung, Begreifen, Fassen eines Gedankens, einer Idee.

Koordination. Als Funktion des Zentralnervensystems das sinnvoll geordnete, häufig auch ökonomische Zusammenspiel von Muskeln und Muskelgruppen.

Körperschema. Wissen und Vorstellung vom eigenen Körper. Durch kinästhetische, taktile und optische Reize bildet sich aus der Peripherie des Körpers eine Anschauung des Raumbildes des eigenen Körpers. Dieses Aggregat sensibler Meldungen bildet so eine im Leben erworbene Repräsentation des Körperschemas in der Gehirnrinde.

Kreativität. Bezeichnung für ein Gefüge intellektueller und nichtintellektueller Persönlichkeitszüge, die als Grundlage für produktive, originale, schöpferische Leistungen angesehen werden. Kriterien: Originalität und Neuartigkeit der Problemlösung, Einfallsreichtum und Flexibilität des Produzierenden, Offenheit und Flüssigkeit des Produktionsprozesses.

Labilität. Leichte Wandelbarkeit der Psyche, Verlust des seelischen Gleichgewichts aus geringen Anlässen.

Lähmung. Herabsetzung oder Aufhebung der Funktion von Organen, von ganzen Körperabschnitten, insbesondere Muskeln.

Leistung. Im weiteren Sinn der durch Energieaufwand geschaffene Wert. Spezifisch: der Einsatz der dem Menschen verfügbaren Fähigkeiten wie auch dessen Ergebnis.

Leistungsmotivation. Neigung zu Aufrechterhaltung und Steigerung der eigenen Leistung durch Hoffnung auf Erfolg oder Angst vor Mißerfolg.

Leistungsschwäche, hirnorganische. Herabsetzung der intellektuellen Leistungsfähigkeit durch organische Hirnstörungen; äußert sich in Merkfähigkeitsstörung, Umstellungsstörung, Verlangsamung, Orientierungsstörung, Ermüdbarkeit, Aufmerksamkeitsstörung, Konzentrationsstörung.

Lernen. Im weiteren Sinne der Zugewinn an Einpassungsvermögen in die materielle, soziale und kulturelle Umwelt, Vertiefung von Wertvorstellungen und Erweiterung von Erfahrung.

Lernen, entdeckendes. Ein auf Eigentätigkeit im selbständigen Suchen, Finden, Kombinieren und Anwendung von Fakten, Regeln und Prinzipien aufbauendes Lernen, das zu stabileren und leichter verfügbaren Wissens- und Fähigkeitsstrukturen auch im Erarbeiten neuer Gebiete und Kompetenzen führen soll.

Lernfähigkeit. Ersatzbegriff für Begabung. Zu unterscheiden zwischen Kapazität, Leichtigkeit des Lernens, Nachhaltigkeit, Anregbarkeit, Lernintensität und Lernbereitschaft.

Lernstörungen. Die im Zusammenhang von Lernprozessen auftretenden Schwierigkeiten, Verzögerungen, Mängel und Fehler, so daß der „normalerweise" zu erwartende Lernfortschritt quantitativ und qualitativ verfehlt wird.

Leseschwäche. Sammelbezeichnung für alle Defizite beim Lesen und Lesenlernen.

Lethargie. Völlige körperliche und seelische Trägheit, Teilnahmslosigkeit.

Logasthenie. Denk- und Sprachstörungen.

Mainstreaming. Bezeichnung für die Bemühungen, die in unterschiedlichen Klassen und Schulformen segregiert erfolgende Erziehung und Bildung behinderter und nichtbehinderter Kinder wieder zusammenzuführen.

Mental. Geistig, zum Denken gehörig.

Mindersinnigkeit. Dauerndes und unwiederbringliches Fehlen auf einem oder mehreren Sinngebieten.

Motivation. Beweggründe des Handelns. Bei Erkenntnis der Wahlmöglichkeiten wirksam werdender Antrieb, Bedürfnis, Drang, Interesse.

Motorik → Psychomotorik.

Muster. Bezeichnung für Modelle, wie Denkmodell, soziales Modell, die Wirkungs- und Reaktionsweisen zusammenfassen und dadurch anschaulich machen.

Mutismus. Beharrliches Schweigen bei organisch intakten Sprechorganen.

Neurologie. Nervenärztliches Fachgebiet. Umfaßt alle Maßnahmen, der Erkennung, der Behandlung, der Prävention und Begutachtung bei Erkrankungen des zentralen, peripheren und vegetativen Nervensystems.

Norm. Richtschnur, Regel, verbindlicher Wertmaßstab.

Organisation. Wirksame wechselseitige und arbeitsteilige Verbindung von Einzelteilen zu einem Ganzen.

Peer-Gruppe (peer group). Freundesgruppe der etwa Gleichaltrigen.

Performanz. Tun, Leistung, vor allem Prozeß des Leistens.

Permissivität. Akzeptierende Einstellung, durch die anderen Personen Freiheit im Handeln zugebilligt wird und die ihnen die (uneingeschränkte) Möglichkeit gibt, sich ungezwungen selbst zu verwirklichen.

Perseveration. Krankhaftes Haften an einer einmal eingeschlagenen Vorstellungsrichtung.

Persönlichkeit. Summe der Eigenschaften, die dem einzelnen seine charakteristische, unverwechselbare Individualität verleiht.

Persönlichkeitsbewußtsein. Formales Bewußtsein seiner Identität mit sich selbst (Ichbewußtsein).

Persönlichkeitsentwicklung. Veränderung des komplexen Systems innerhalb eines Individuums, das sich mit der Umwelt und der Innenwelt auseinandersetzt.

Persönlichkeitsstörung. Bezeichnungen für alle Veränderungen des Charakters bzw. Wesen eines Menschen.

Perzeption. Bemerken, Auffassen, Wahrnehmen eines Gegenstandes und zugleich die Vorbereitung für seine Aufbewahrung als Erfahrung.

Perzipieren. Wahrnehmen, Erfassen.

Phantasie. Vorstellungskraft.

Phobie. „Unvernünftige", sich gegen jede bessere Einsicht zwanghaft aufdrängende Angst vor bestimmten Gegenständen oder Situationen.

Physisch. Auf die Natur bezüglich, zur Natur gehörig, naturhaft. Körperlich (im Gegensatz zu psychisch).

Präferenz. Vorrang, Vorzug.

Problem. Eine Art Denkanforderung, die im Unterschied zu den Aufgaben im engeren Sinn sich dadurch charakterisiert, daß ein unerwünschter Anfangszustand über eine Barriere in einen erwünschten Endzustand transformiert werden soll.

Problemlösen. Auffinden eines vorher nicht bekannten Weges von einem gegebenen Anfangszustand zu einem gewünschten Endzustand.

Programm. Zeitlich und sachlich geordnete Auflistung von Einzelschritten und -maßnahmen zum Erreichen eines Handlungsziels.

Programmieren. Erstellung eines Programmes.

Projektion. Hinausverlegen von Innenvorstellungen, Wünschen und Gefühlen in die Außenwelt. Einer anderen Person oder einem Gegenstand werden somit Eigenschaften verliehen, welche der Betreffende bei sich selbst verkennt. Prozeß, der den subjektiven Vorstellungen den Charakter objektiver Vorgänge verleiht.

Prozeß. Bezeichnung für Vorgänge (Abläufe wie Wahrnehmungs-, Lern-, Denkprozeß), für längerfristige Veränderungen (Entwicklungs-, Reifungsprozeß).

Psychisch. Gegensatz zu physisch, körperlich, somatisch. Zusammenfassende Bezeichnung für alle mehr oder minder bewußten Prozesse des Erlebens wie des Verarbeitens.

Psychomotorik. Durch psychische Vorgänge geprägtes Gesamt der Bewegungen. Psychische Gegebenheiten spielen sich weitgehend im Bewegungsspiel wieder.

Psychomotorisch. Sich auf Bewegungen beziehend, deren Ursache vorwiegend auf psychischen Vorgängen beruht.

Raum. Medium zwischen den Grenzen, das den Lebewesen Bewegung ermöglicht, für den Menschen in der Regel der Luftraum über dem Erdboden zwischen Hindernissen.

Räumliches Hören. Räumliche Lokalisierung einer auditiven Wahrnehmung.

Raumphantasie. Räumliche Ausdeutung von bildnerischen Darstellungen durch die Phantasie; die nicht vom Konkreten ausgehende, auf das Räumliche bezogene Vorstellung.

Reaktion. Verhalten auf auslösende Reize.

Regression. Zurückschreiten, Zurückgreifen. In der Psychoanalyse: Wiederauftreten von entwicklungsmäßig früheren (infantilen) Verhaltensweisen.

Rehabilitation. Wiedereingliederung, Maßnahmen zur Wiederherstellung von Fähigkeiten und Fertigkeiten, die vor einer Krankheit, Unfall oder psychischen Störung vorhanden waren.

Reiz. → Stimulus.

Repräsentation. Akt des Sichvergegenwärtigens von Vorstellungen und Erinnerungen. Psychischer Ausdruck, den ein Trieb oder eine Vorstellung findet.

Ressource. Hilfsquelle, Rückgriff auf Produktionsmittel und Energieträger.

Retardation, Retardierung. Zurückhaltung, Verlangsamung. Auf seelischem, geistigen und körperlichen Gebiet sich auswirkende Verzögerung der Entwicklung.

Rezeption. Aufnahme, Empfangen, Wahrnehmen.

Rezeptiv. Aufnehmend, empfänglich.

Rigidität. Starrheit, Unbeweglichkeit, mangelnde Elastizität.

Schulangst. Sammelbezeichnung für verschiedene Formen von Angst, die sich weder hinsichtlich der Ursachen noch der Erscheinungsweisen und Auswirkungen nach in einen geschlossenen theoretischen Bezugsrahmen bringen lassen.

Schulversager. Bezeichnung für Schüler, die weder mit den schulspezifischen Verhaltenserwartungen, -vorschriften und -sanktionen noch mit den Leistungsanforderungen zurechtkommen.

Schwererziehbare. Personen, die durch Fehlverhalten zwischenmenschliche Beziehungen zum Erziehungsträger (Person oder Institution) oder pädagogische Maßnahmen im Rahmen von pädagogischen Situationen erschweren, stören oder ablehnen und zu keiner Verbesserung des Verhaltens oder Handelns bereit sind.

Selbst. Ausdruck dafür, daß das erlebende Subjekt sich seiner selbst bewußt und zugleich sich selbst zum Objekt wird.

Selbstbewußtsein. Im Gegensatz zum Außenweltbewußtsein das Erleben der geschlossenen Eigenheit und Einheit des persönlichen Ich.

Selbstbild. Selbstkonzept. Kognitionen und Gefühle, die man sich selbst gegenüber hat.

Selbstkontrolle. Selbstbeherrschung.

Selbstvertrauen. Auf ausgeprägtes Eigenmachtgefühl gegründetes Gefühl, mit möglichen Schwierigkeiten fertig zu werden.

Selbstverwirklichung. Das menschliche Bedürfnis, das volle Potential seiner Fähigkeiten und Möglichkeiten zu einer Befriedigung zu entfalten.

Selbstwertgefühl. Bewußtwerden des eigenen Selbst als eines positiv erlebten Wertes von bestimmtem Stellenwert.

Sensibel. Zur Empfindung gehörig, wahrnehmbar. Im weiteren Sinne: der Empfindung fähig, empfindlich, feinfühlig.

Sensibilität. Die Fähigkeit zur Empfindung.

Sensitiv. Empfindsam, übermäßig empfindlich.

Sensoriell, sensorisch. Auf die Sinne bezüglich.

Sensomotorisch. Bezeichnung für Nervenprozesse, bei denen sowohl sensorische wie motorische Fasern in Tätigkeit sind. Auch Bezeichnung für Prozesse, in denen ein unmittelbarer Zusammenhang zwischen Wahrnehmungen und Verhalten besteht, z.B. bei der Koordination von Auge- und Handbewegungen.

Sonderpädagogik. Sondergebiet der Pädagogik. Befaßt sich mit der Erziehung und Unterrichtung von Kindern und Jugendlichen, die mit üblichen pädagogischen Mitteln nicht allseitig gefördert werden können, weil sie körperliche oder geistige Behinderungen, Verhaltensauffälligkeiten, Anpassungsschwierigkeiten oder Lernschwierigkeiten aufweisen. Ziel sind die optimale Realisierung der individuellen Möglichkeiten eines Kindes oder Jugendlichen und eine unter den gegebenen Umständen sinnvolle Eingliederung in soziale und berufliche Gruppierungen.

Soziale Interaktion. Vorgänge der gegenseitigen Beeinflussung zwischen einzelnen Personen oder sozialen Gruppen sowie die dadurch entstehende Veränderung von Verhaltensweisen, Einstellungen usw.

Soziales Lernen. Lernen sozial bedeutsamer Verhaltensweisen, Lernen im sozialen Kontakt mit Vorbildern.

Sozialisation. Anpassung (Hineinwachsen) des Individuums, vor allem des Kindes in die „Normen" der Gesellschaft.

Spastisch. Krampfartig.

Spontaneität. Unmittelbarkeit in der Handlungsauslösung.

Stimulus. Reiz, der eine Klasse von Verhaltensweisen auslöst.

Taktil. Auf den Tastsinn bezüglich.

Tastempfindung. Durch die Haut (Fingerspitzen) vermittelte Empfindung für Oberflächen von Körpern.

Tiefenlokalisation. Wahrnehmen der Entfernung eines Objekts vom Beobachter, die Einordnung eines Dinges in den Raum.

Transfer. Mit-Lerneffekt: Bestimmte Vorgänge beim Lernen oder Denken, die in einer ersten Aufgabe erworben worden sind, werden auf andere übertragen.

Trotz. Diffuse Abwehr fremder Autoritäten ohne inhaltlich bestimmte Intentionen.

Umfeld. Allgemeine Bezeichnung für das im Feld der Person und um diese Person Liegende.

Umwelt. Gesamtheit des Lebensraums, der ein Lebewesen umgibt bzw. alle auf dieses einwirkende Einflüsse.

Verhaltensauffällige. Kinder und Jugendliche, deren Gesamtverhalten — unter Berücksichtigung einer gewissen Variationsbreite — von dem des durchschnittlichen Schülers und Jugendlichen in habitueller Form abweicht.

Verwahrlosung. Prozeß und Zustand eines Verhaltens vor allem von Kindern und Jugendlichen, das an die vorherrschenden Erwartungen unangepaßt ist.

Visualität. Bezeichnung für das Gesamtgebiet der optischen Wahrnehmung sowie deren Auffassung und Verarbeitung.

Visuell. Das Sehen betreffend.

Wahrnehmung. Perzeption. Vorgang und Ergebnis der Reizverarbeitung.

Zentralnervensystem. Der Teil des Nervenganzen, mit dem die peripheren Nerven funktionell zusammenhängen und von dem sie ausgehen: Gehirn und Rückenmark.

7. Literatur

Auf den „wissenschaftlichen Apparat" innerhalb des Textes ist in diesem Buch aus Gründen der leichteren Zugänglichkeit für den Praktiker, aber auch aus Gründen des Umfangs, verzichtet worden. Der Leser soll aber wissen, daß diese Darstellung auf einer sorgfältigen und möglichst umfassenden Auswertung sowohl der allgemeinen sonder- und kunstpädagogischen Literatur wie auch der speziellen Literatur zur Kunstpädagogik für Behinderte beruht. Dabei verdankt die Darstellung vor allem der amerikanischen Literatur wesentliche Erkenntnisse und Anregungen.

In dem Literaturverzeichnis ist nur ein Teil der ausgewerteten Literatur aufgenommen worden. Geboten wird hier eine Spezialbibliographie zur ästhetischen Erziehung Behinderter. Deshalb ist die allgemeine Literatur zur Sonder- und Kunstpädagogik nicht aufgeführt. Schließlich enthält das Literaturverzeichnis solche Arbeiten nicht, die spezifisch kunsttherapeutische Fragen im Zusammenhang mit Behinderten behandeln. Dies erklärt sich aus dem hier vertretenen Grundansatz, wonach Kunstunterricht und Kunsttherapie deutlich voneinander zu unterscheiden sind. Im übrigen habe ich die Literatur zum Thema „Kunsttherapie und Behinderte" in meinem Aufsatz „Kunsttherapie in der Heilpädagogik" in der Zeitschrift für Heilpädagogik 37 (1986), S. 245—253 dargestellt.

1. Deutschsprachige Literatur

Aissen-Crewett, M.: Kunsttherapie in der Heilpädagogik. In: Zeitschrift für Heilpädagogik 37 (1986) 4, 245—253.

Aissen-Crewett, M.: Behinderte und Kunstunterricht. Untersuchungen zur Ausgangslage der ästhetischen Erziehung und der Wirkung künstlerischer Aktivitäten bei Behinderten. In: Behindertenpädagogik 25 (1986), 286—292.

Angerhoefer, U., Joppien, E.: Ästhetische Erziehung und lebenspraktische Befähigung im Fach Kunsterziehung. In: Sonderschule 30 (1985) 139—148.

Anon.: Richtlinien für die Schule für Lernbehinderte (Sonderschule). Richtlinien und Beispielplan Kunst/Werken. Köln 1977.

Anon.: Ästhetische Erziehung in Sonderschulen. Gespräch mit zwei Hamburger Sonderschullehrerinnen. In: Kunst + Unterricht 47 (1978), 30—34.

Anon.: Bildnerisches Gestalten und ästhetisches Erleben Blinder. In: Zeitschrift für Blinden- und Sehbehindertenbildungswesen 98 (1978) 5/6, 116—119.

Antkowiak, E.: Kann das förderungsfähige Kind lernen, gestaltend und darstellend tätig zu sein? In: Ein Kind kann keine Schule besuchen, hat es überhaupt eine Entwicklungschance? Berlin 1981, S. 119—125.

Baranski, H.: Kunstunterricht bei Gehörlosen. In: Bildnerische Erziehung 6 (1970) 129—132, 177—180.

Barth, P.: Aktion „Unser Schulhof ist zu klein". Ein Unterrichtsbeispiel aus einer 7./8. Klasse einer Sonderschule. Kunst + Unterricht 29 (1975) 32—36.

Barth, P.: Selbstdarstellungsobjekte. In: Richter, H. G., Waßarmé, G. (1981), 45—50.

Bloch, S.: Kunsttherapie mit Kindern. Pädagogische Chancen, Didaktik, Realisationsbeispiele. München 1982.

Bougeois-Lechartier, M.: Hinführen zur Kunst. In: Zeitschrift für das Blinden- und Sehbehindertenbildungswesen 98 (1978) 5/6, 137—138.

Brockmann, I.: Sonderschulklasse L 3. Ein Wandbild für die Schule. In: Handarbeiten und Hauswirtschaft 28 (1976) 6, 152—153.

Broese, B. (Hrsg.): Die Aktivierung des Hilfsschulkindes durch Aufgaben. Ein Beitrag zur Unterrichtsgestaltung in der Hilfsschule. Berlin (Ost) 1980.

Buss, H.: Möglichkeiten aktionsorientierter Tätigkeiten in der Schule für Geistigbehinderte. In: Ästhetische Erziehung bei Behinderten. Ravensburg 1980. S. 89—105.

Damm, E. L.: Malen mit seelenpflegebedürftigen Kindern im Schulalter. Stuttgart 1984.

von Dobeneck, R.: Gebundenes Malen mit geistig behinderten Kindern. München 1983.

Egger, B.: Malen als Lernhilfe. Malen und bildnerisches Gestalten in der Schule und mit geistig und körperlich behinderten Kindern. Bern 1982.

Eggli, U. u.a.: Ästhetik und Behinderung (Heftthema). In: Behinderte in Familie, Schule und Gesellschaft 6 (1983) 1, 8—37.

Eisinger-Niedworok, G.: Haptische Wahrnehmungsförderung. Eine Unterrichtseinheit im Kunstunterricht mit lernbehinderten Schülern. In: Kunst + Unterricht 87 (1984) 15—22.

Enzmann, L.: Schlangennest. 3.—5. Lernstufe, Kunsterziehung. In: Sonderschulmagazin 4 (1984) 4, 29—30.

Enzmann, L.: Der Teufel tanzt über dem Kohlefeuer. Unter-/Mittelstufe, Kunsterziehung. In: Sonderschulmagazin 4 (1982) 6, 29—30.

Enzmann, L.: Zauberschmetterling. Unterstufe, Kunsterziehung. In: Sonderschulmagazin 4 (1982) 11, 33—34.

Enzmann, L.: Clownsgesicht. Unterstufe. In: Sonderschulmagazin 5 (1983) 1, 29—30.

Enzmann, L.: Indianische Elefanten im Hochzeitsschmuck. In: Sonderschulmagazin 5 (1983) 3, 25—26.

Enzmann, L.: Apfelbaum in Blüte. In: Sonderschulmagazin 5 (1983) 6, 27—28.

Enzmann, L., Kist, Th.: Feuerspeiender Drache. 3./4. Lernstufe. In: Sonderschulmagazin 3 (1981) 8, 37—40.

Fischer, Th.: Therapeutische Bedeutung bildnerischen Gestaltens, gezeigt an Beispielen aus der Sonderschule. In: Ans Werk 16 (1978) 2, 13—15.

Gawriluschkina, O. P.: Entwicklung zeichnerischer Fertigkeiten intellektuell geschädigter Vorschulkinder. In: Sonderschule 30 (1985) 93—104.

Geier, K.: Erstellen eines Bilderbuchs im Kunstunterricht. 2./3. Schuljahr, Schule für Lernbehinderte, Sonderschule. In: Schwarz auf weiß 5 (1981) 3, 47—49.

Gerecht, D.: Arbeitsteilige Herstellung von Bildpostkarten. Sonderschulmagazin 2 (1980) 3, 45—46.

Gerecht, D.: Bäume vor einer Mauer. Sonderschulmagazin 3 (1981) 3, 45—46.

Götte, R.: Entwurf einer Unterrichtseinheit unter curricularen Aspekten im Bildnerischen Gestalten. In: Curriculum-Entwürfe für die Lernbehindertenschule. Berlin-Charlottenburg 1975. S. 265—322.

Grassmann, B.: Formales Bildnerisches Gestalten in der Gehörlosenschule. Anmerkungen zu einer neuen Fachdidaktik. In: Hörgeschädigtenpädagogik 26 (1972) 95—99.

Grimm, C.: Pieter Bruegel: Schlaraffenland. In: Sonderschulmagazin 5 (1983) 3, 27—28.

Grossmann-Rettenmeier, H.: Unsere Gesichter. Schule für Geistigbehinderte/Mittel- und Oberstufe. Bildnerisches Gestalten. In: Sonderschulmagazin 3 (1981) 3, 43—44.

Grossmann-Rettenmeier, H.: Spuren im Schlamm. Technik Decalcomanie (Farbabzugverfahren) nach Musik. Schule Lb: Unterstufe, Schule Gb: Mittel-/Oberstufe. In: Sonderschulmagazin 3 (1981) 4, 41—42.

Gührs, L.: Was wir mit Korken alles machen können. In: Sonderschulmagazin 6 (1984) 3, 29—30.

Gührs, L.: Wir malen eine Katze mit Buckel. In: Sonderschulmagazin 6 (1984) 8, 27—28.

Hans, J.: Behinderung und Ästhetische Erziehung. In: Kunst + Unterricht 69 (1981) 14—20.

Hettich, A., Hensel, D., Stütz, W.: Kunst, die man begreifen kann. Eine Unterrichtsreihe innerhalb einer Kunstarbeitsgemeinschaft mit Schülern der 8. und 9. Klasse einer Schule für Lernbehinderte. In: Sonderschulmagazin 8 (1986), H. 4, 23—26; H. 5, 23—24; H. 6, 23—26.

Jahnke, H. K.: Lehrer an einer Sonderschule für Lernbehinderte (Gespräch mit Siegfried Neuenhausen). In: Kunst + Unterricht 64 (1980) 15—17.

Jüttner, E.: Anmerkungen zur Bildnerischen Erziehung und Werkerziehung mit behinderten Kindern. In: Unser Weg 34 (1979) 2/3, 129—132.

Kaminsky, H., Spellenberg, A.: Bildnerei als Lernhilfe mit Geistigbehinderten. Fellbach-Oeffingen 1975.

Kaufhold, T.: Bildnerisches Gestalten zur Förderung des entwicklungsgestörten und des behinderten Kindes. Ravensburg 1979.

Keusen-Hickl, A.: Schätze heben. (Kunst-am-Bau-Projekt in einem Körperbehindertenzentrum). In: Zeitschrift für Kunstpädagogik 10 (1981) 6, 47—53.

Kist, Th., Enzmann, L.: Walpurgisnacht! 4. Lernstufe. In: Sonderschulmagazin 3 (1981) 4, 43—44.

Kläger, M.: Jane C. Symbolisches Denken in Bildern und Sprache. Das Werk eines Mädchens mit Down-Syndrom in le Fil d'Ariane. München 1978.

Kläger, M.: Verfahren, die der Umsetzung bildnerischen Denkens dienen. Geistige Behinderung 23 (1984) 4. Beihefter „Für die Praxis" 1—12.

Kläger, M.: Neuere amerikanische Untersuchungen zum bildnerischen Verhalten geistig Behinderter. In: Geistige Behinderung 25 (1986) 136—139.

Konrath, A.: Partnermalen. Bildnerisches Gestalten gegenüber Erziehungsresistenz. In: Zeitschrift für Kunstpädagogik 8 (1979) 2, 8—12.

Konrath, A.: Zur therapeutischen Grundorientierung der ästhetischen Erziehung. In: Ästhetische Erziehung bei

Behinderten, hrsg. von G. Theunissen. Ravensburg 1980. S. 11—27.

Konrad, R.: Soziometrisch orientierte bildnerische Aktivitäten und verhaltenssteuernde Visualisierungen. In: Ästhetische Erziehung bei Behinderten, hrsg. von G. Theunissen. Ravensburg 1980. S. 119—137.

Kotzsch-Jelinek, U.: Leben am Fluß. Bilddiktat. 7. Lernstufe, Kunsterziehung. In: Sonderschulmagazin 1 (1979) 1, 45—46.

Kotzsch-Jelinek, U.: Zwei-Farben-Druck zum Thema „Katze". 7. Lernstufe. In: Sonderschulmagazin 2 (1980) 9, 41-42.

Kotzsch-Jelinek, U.: Menschen in Bewegung. 8./9. Lernstufe. In: Sonderschulmagazin 3 (1981) 8, 41—42.

Kunze, H.: Buchstaben als Elemente der Bildgestaltung. Schmuckband aus Buchstaben. 3./4. Lernstufe, Kunsterziehung: Graphik. In: Sonderschulmagazin 3 (1981) 11, 43—44.

Kunze, H.: Wir malen einen Turm aus Bauklötzen. Organisieren von Farbelementen. Kunsterziehung. 1.—3. Lernstufe. In: Sonderschulmagazin 4 (1982) 3, 33—34.

Kunze, H.: Unterwassergarten. Unterstufe, Kunsterziehung. In: Sonderschulmagazin 4 (1982) 7, 29—30, 39.

Leipziger, M.: Zeichnerische Darstellung einer Szene aus dem Märchen Aschenputtel. 1./2. Lernstufe. In: Sonderschulmagazin 3 (1981) 10, 41—42.

Limberg, R.: Kreativität bei Lernbehinderten. München 1978.

Limberg, R., Becker-Arning, J.: „Verspannungen". Eine Unterrichtsreihe bei Lernbehinderten. In: Richter, H. G., Waßarmé, G. (1981), 13—22.

Lindsay, Z.: Bildnerisches Gestalten mit behinderten Kindern (dt. Übersetzung von: Art and the handicapped child, s. amerikanische Literatur). München 1973.

Ludig, G.: Ästhetische Erziehung im Sonderschulbereich. In: BDK-Mitteilungen 16 (1980) 3, 13—17.

Mahlke, W.: Bereich der haptisch-visuellen Kommunikation/Betätigung — Gestaltung. In: Handbuch der Sonderpädagogik Bd. 5 (Pädagogik der Geistigbehinderten). Berlin 1979. S. 291—303.

Mahlke, W.: Ton als Gestaltungsmaterial für Kindergarten und Schule. Mit Anregungen für die heil- und sonderpädagogische Praxis. Donauwörth 1981.

Malstein, L. K.: Die Wahrnehmung von Reproduktionen von Werken der bildenden Kunst durch sehschwache Kinder. In: Sonderschule 18 (1973) 6, 358—363.

Malstein, L. K.: Demonstration von Kunstwerken in der Sehschwachenschule. In: Sonderschule 24 (1979) 4, 220—224.

Meining, M.: Malunterricht in der Heilpädagogik als Zwiesprache. In: Der Staedtler-Brief 21 (1972) 581—583.

Menzen, K. H.: Kinderkulturgeschichte eines behinderten Ausdrucks. In: Behindertenpädagogik 22 (1983) 98—107.

Müller, H.: Integriertes Lernen hörsprachbehinderter Kinder mit bildnerischen Mitteln, bereits in der Vorschule. In: Praxis der ästhetischen Erziehung. Velber bei Hannover 1973. S. 102—105.

Oberdieck, G.: „Behinderte sind ja gar nicht so". In: Kunst + Unterricht 69 (1981) 52—58.

Ortmann, H.: Das „Denk-mal-nach-Denkmal". Schüler einer 5. Klasse und Behinderte bauen gemeinsam ein Denkmal. Unterricht Orientierungsstufe/Sekundarstufe I. In: Kunst + Unterricht 69 (1981) 45—47.

Piepenkötter, M.: Das Ich hinter den Spiegeln. Förderung von Selbst- und Fremdwahrnehmung durch künstlerische Mittel beim geistigbehinderten Kind. In: Richter, H. G., Waßarmé, G. (1981), 69—78.

Pirkl, A.: Bildnerische Aussage. Betrachtung von Kinderzeichnungen aus der Sonderschule für Lernbehinderte. In: Die Gestalt 44 (1982) 2, 28—29.

Pluhar, Ch.: Bewegungsdarstellung auf Tastbildern. In: Zeitschrift für das Blinden- und Sehbehindertenbildungswesen 98 (1978) 5/6, 127—129.

Poetzsch, L.: Kunsterziehung Körperbehinderter. In: Sonderschule 25 (1980) 5, 304—306.

Prochaska, Ch.: Meta verwandelt sich in einen Schmetterling. Unter-/Mittelstufe, Kunsterziehung. In: Sonderschulmagazin 4 (1982) 6, 31—32.

Rech, P.: Kunstpädagogische Voraussetzungen der bildnerischen Artikulation und Verarbeitung psychischer Probleme innerhalb der Verhaltensgestörtenpädagogik. In: Zeitschrift für Heilpädagogik 29 (1977) 562—568.

Rech, P.: Erziehungswissenschaftliche und künstlerische Voraussetzungen eines „grenzüberschreitenden" Curriculums für das Studium „Sonderpädagogische Kunsttherapie". In: BDK-Mitteilungen 16 (1980) 2, 25—29.

Reinhold, C.: Ästhetische Erziehung Behinderter. Grundsätzliche Überlegungen zu den vorangegangenen beiden Unterrichtsbeispielen. In: Praxis der ästhetischen Erziehung. Velber bei Hannover 1973, 109—112.

Reinhold, C.: Visuelle Kommunikation in der Gehörlosenschule. In: Hörgeschädigtenpädagogik 27 (1973) 4, 197—206.

Reising, G.: Bilder behinderter Kinder. Erfahrungen mit einem Kurs und einer Ausstellung im Karlsruher Kindermuseum (vom 17.9. bis 31.10.1982). In: Zeitschrift für Kunstpädagogik 11 (1982) 6, 54—57.

Richter, H. G.: Ausdrucksförderung im bildnerischen Bereich. In: Handbuch der Sonderpädagogik, Bd. 9. Berlin 1978. S. 349—358.

Richter, H. G.: Kunst und visuelle Medien. In: Handbuch der Sonderpädagogik, Bd. 7 (Pädagogik der Sprachbehinderten). Berlin 1980. S. 499—508.

Richter, H. G.: Zur Didaktik eines pädagogisch-therapeutischen Kunstunterrichts. In: Richter, H. G., Waßarmé, G. (1981), 63—68.

Richter, H. G.: Kunst und visuelle Medien. In: Handbuch der Sonderpädagogik, Bd. 3 (Pädagogik der Gehörlosen und Schwerhörigen). Berlin 1982. S. 274—285.

Richter, H. G.: Pädagogische Kunsttherapie. Düsseldorf 1984.

Richter, H. G., Waßarmé, G. (Hrsg.): Kunst als Lernhilfe. Frankfurt am Main 1981.

Richter, K. H.: Kunst-Puzzle. Probleme und Möglichkeiten der Kunsterziehung in der Hauptstufe einer Schule für Lehrbehinderte. In: Praxis der ästhetischen Erziehung. Velber bei Hannover 1973. S. 105—108.

Richter, U.: Das können Kinder, die kaum oder gar nichts sehen! Zum bildnerischen Schaffen blinder und sehschwacher Schüler in der DDR. In: Kunsterziehung 26 (1979) 10, 12—13.

Richter, W.: Ästhetische Erziehung in der Schule für Erziehungshilfe. In: Ästhetische Erziehung bei Behinderten, hrsg. von G. Theunissen. Ravensburg 1980. S. 43—48.

Rindfleisch, F.: Plastizieren in der Sonderschule. In: Richter, H. G., Waßarmé, G. (1981), 33—44.

Rohr, B.: Comics in der Lernbehindertenschule. In: Claußen, B. (Hrsg.): Politisches Lernen und Visuelle Kommunikation. Ravensburg 1975.

Scarpatelli, V.: Bildnerische Erziehung an Sonderschulen. Überlegungen zum Unterricht im ästhetischen Bereich, dargestellt an einer Unterrichtspassage. In: Unser Weg 34 (1979) 2/3, 121—129.

Schenk, W.: Ein Fisch im Aquarium/ Deckweiß-Tuschtechnik. In: Sonderschulmagazin 5 (1983) 8, 27.

Schmidt, O.: Methoden und Prinzipien der ästhetischen Erziehung für die Sozialerziehung Verhaltensauffälliger in Heimen. In: Ästhetische Erziehung bei Behinderten, hrsg. von G. Theunissen. Ravensburg 1980. S. 139—142.

Schottenloher, G.: Kunst- und Gestaltungstherapie in der pädagogischen Praxis. München 1983.

Schröder, U.: Untersuchungen zur Kreativität bei Lernbehinderten. In: Zeitschrift für Heilpädagogik 32 (1981) 203—210.

Seiter, J.: Spiele für Blinde und Sehende. Ein Projekt nicht nur zum Internationalen Jahr der Behinderten. Unterricht, Orientierungsstufe/Sekundarstufe I. In: Kunst + Unterricht 69 (1981) 41—44.

Simonson, E.: Bildnerische Erziehung in der Sonderschule für Lernbehinderte. In: Kunst. München 1978. S. 138—143.

Spitzer, K.: Tastbilder. Gestaltungsproblematik und Bedeutung. In: Zeitschrift für das Blinden- und Sehbehindertenbildungswesen 98 (1978) 5/6, 130—136.

Spitzer, K.: Begreifen und Erleben einer Form. Elementare Übungen (mit blinden Kindern) am Beispiel eines Gefäßes. In: Die Gestalt 44 (1982) 4, 78—79.

Spitzer, K., Lange, M. (Hrsg.): Tasten und Gestalten. Kunst und Kunsterziehung bei Blinden. Hannover 1982.

Stange, S., Stange, H. M.: Fotogramme helfen, die Wirklichkeit zu begreifen. Ein Bericht über ein Einführungsprojekt in der 4. Klasse einer Schule für Lernbehinderte. In: Fotografie im Kunstunterricht. Frankfurt 1981. S. 13—19.

Steidel, G.: Bildnerisches Gestalten. In: Die Körperbehindertenschule. Berlin-Charlottenburg 1972. S. 177—192.

Strobel, A., Strobel, B.: Bildnerisches Gestalten mit geistig Behinderten. In: Gestaltete Freizeit mit geistig Behinderten. Rheinstetten 1977. S. 150—152.

Stütz, W. H.: Produktion von Rasterbildern (Schule Gb/Schule Lb: Mittelstufe). In: Sonderschulmagazin 5 (1983) 12, 23—24.

Stütz, W. H.: Produktion von Emulsionsbildern (Schule Gb: Mittelstufe/Schule Lb: Unterstufe). In: Sonderschulmagazin 5 (1983) 12, 25.

Stütz, W. H.: Wiedergabe eines wahrgenommenen Vorbildes in eigener Bildsprache/Nach dem Motiv: Der goldene Fisch von Paul Klee (Schule Lb: Mittelstufe/Schule Gb: Oberstufe/Werkstufe). In: Sonderschulmagazin 6 (1984) 6, 31—32.

Sturm, L. E.: Chancengleichheit. In: Zeitschrift für das Blinden- und Sehbehindertenbildungswesen 98 (1978) 5/6, 119—123.

Tausendpfund, G.: Alexander sucht den Zauberstein. Unterstufe. In: Sonderschulmagazin 3 (1981) 9, 39—40.

Tausendpfund, G.: Der Uhu sitzt in der Nacht in einem Baum und seine Augen leuchten. Unterstufe, Kunsterziehung. In: Sonderschulmagazin 4 (1982) 8, 29—30.

Theunissen, G.: Visuelle Kommunikation, eine Konzeption für Kunstunterricht bei Verhaltensauffälligen? In: Zeitschrift für Heilpädagogik 28 (1977) 9, 569—576.

Theunissen, G.: Freizeitpädagogische Arbeiten im ästhetischen Bereich mit sozial benachteiligten und verhaltensauffälligen Kindern und Jugendlichen. In: jugendwohl 59 (1978) 374—383.

Theunissen, G.: Ästhetische Erziehung bei Verhaltensauffälligen. Grundlagen curricularer und extra-curricularer Arbeitsformen in der ästhetischen Erziehung Verhaltensauffälliger. Frankfurt am Main 1980.

Theunissen, G. (Hrsg.): Ästhetische Erziehung bei Behinderten. Ravensburg 1980.

Theunissen, G.: Überlegungen zu einer ästhetischen Erziehung in der Schule für Lernbehinderte. In: Ästhetische Erziehung bei Behinderten. Ravensburg 1980. S. 49—88.

Theunissen, G.: Ästhetische Erziehung als (sonder-)pädagogisches Prinzip in der Arbeit mit schwerstgeistig behinderten Erwachsenen in Vollzeiteinrichtungen. In: Vierteljahresschrift für Heilpädagogik 50 (1981) 252—260.

Theunissen, G.: Lernhilfe durch ästhetische Erziehung. In: Richter, H. G., Waßarmé, G. (1981), S. 51—62.

Theunissen, G.: Kommunikation und ästhetische Praxis. Erfahrungen in der Arbeit mit hospitalisierten geistig Behinderten. In: Zeitschrift für Heilpädagogik 33 (1982) 716—722.

Theunissen, G.: Theaterprojekt in der Schule für Erziehungshilfe — ein Beitrag zur ästhetischen Erziehung bei Verhaltensauffälligen. In: Zeitschrift für Heilpädagogik 33 (1982) 278—289.

Theunissen, G.: Humanistische Anthropologie und Sonderpädagogik. Grundzüge des Konzepts der therapeutisch-ästhetischen Erziehung. In: Behindertenpädagogik 25 (1986) 278—285.

Tönne, R.: Bildnerische Erziehung an Sonderschulen. Probleme der Phasenverklemmung und ihrer Behebung durch beidhändiges Gestalten. 2. Aufl. Berlin 1976.

Weichlein, R.: Personen in der Werbung. Unterricht mit Gehörlosen. In: Zeitschrift für Kunstpädagogik 8 (1979) 2, 13—18.

Weigand, G.: Kunsterziehung als Lebenshilfe. In: Die Scholle 50 (1982) 2, 73—74.

Weigt, M.: Aspekte einer Ästhetischen Erziehung in der Schule für Lernbehinderte. In: Politisches Lernen durch Visuelle Kommunikation. Ravensburg 1975. S. 259—274.

Wiebe, D.: Sonderschüler produzieren ihren eigenen Schmuck. In: Kunst + Unterricht 56 (1979) 61—64.

Worm, H. L.: Figuren aus Bleistiftstrichen. In: Sonderschulmagazin 5 (1983) 5, 28.

Worm, H. L.: Wir bemalen ein T-Shirt. In: Sonderschulmagazin 6 (1984) 7, 27—28.

Wrisch, W.: Kunstunterricht im Bereich der Sonderpädagogik. Eine Unterrichtskonzeption, nicht nur für Sprach- und Hörbehinderte. In: Kunst + Unterricht 19 (1973) 48—50.

Zacharias, W.: Vier Jahre „Blinden-Modisch-Gruppe Hattingen". Ein Erfahrungsbericht. In: Zeitschrift für das Blinden- und Sehbehindertenbildungswesen 98 (1978) 5/6, 124—127.

Zietz, A.: Ein Puppenspiel von Behinderten. Integrationsansätze für Behinderte. Ein Erfahrungsbericht. Sonderschule für Körperbehinderte. In: Kunst + Unterricht 69 (1981) 48—51.

2. Amerikanische Literatur

Alkema, C. J.: Art for the exceptional. Boulder 1971.

Allen, J.: Knowing, experiencing and feeling. A mural for blind children. In: School Arts 79 (1980, March) 46—48.

Allrutz, C. C.: Annotated bibliography: Art for the mentally retarded. In: Art Education 24 (1971, April) 34—37.

Allrutz, C. C.: Rationale for teacher education for art education: Special education. In: Art Education 27 (1974) 26—29.

Allrutz, C. C.: Arts for the handicapped: Awareness, accessibility action. In: Delta Kappa Gamma Bulletin 44 (1978) 38—44.

Anderson, F. E.: Art for all the children. A creative sourcebook for the impaired child. Springfield 1978.

Anderson, F. E.: Research and issues in art for exceptional populations. In: Studies in Art Education 22 (1981) 2, 5—6.

Anderson, F. E.: A critical analysis of a review of the published research literature in the arts for the handicapped: 1971—1981, with special attention to the visual arts. In: Art Therapy 1 (1983) 1, 26—39.

Anderson, F. E., Barnfield, L. S.: Art especially for the exceptional. In: Art Education 27 (1974, April) 11—15.

Anderson, F. E., Colchado, B., McAnally, A.: Art for the handicapped. Normal 1979.

Anderson, F. E., Ash, L., Gambach, J.: A review of the published research literature in the arts for the handicapped: 1971—1983. Washington 1982.

Anon.: Arts for the handicapped. In: American Schools and Universities 49 (1977, August) 20.

Anon.: Art and exceptional children (symposium). In: Art Education 37 (1984, November) 6—29.

Arem, C. A., Zimmermann, B. J.: Various effects on the creative behavior of retarded and non-retarded children. In: Journal of Mental Deficiency 81 (1976) 3, 289—296.

Atak, S. M.: Art activities for the handicapped (excerpt). In: Exceptional Parents 12 (1982, October) 54—55.

Becker, F. I.: Can you draw the sound of a bell? In: Art Teacher 9 (1979, Spring) 24—25.

Bell, J. W.: Seeing sound. In: School Arts 70 (1970, September) 26—29.

Bell, J. W.: Directed creativity. Art class of deaf and brain damaged youngsters. In: School Arts 76 (1977, February) 78—79.

Bergman, E.: Arts accessibility for the deaf. Washington 1981.

Berry, A.: Recording outcomes of self-expression activity for special child groups. In: Art Education 39 (1986, September) 14—18.

Bragg, B.: Human potential of human potential: Art and the deaf. In: American Annals of the Deaf 117 (1972) 508—511.

Bridges, B. R.: Images, imagination, creativity and TMR. In: Art Education 39 (1986, January) 12—13.

Brown, E. V.: Art and the special child: Nine case studies. In: School Arts 83 (1983, December) 28—31.

Bryant, A., Schwan, L. B.: Art and the mentally retarded child. In: Studies in Art Education 12 (1971) 3, 50—63.

Burrell, J. H.: Past can motivate. Special education art class. Study of Indian arts. In: School Arts 73 (1973, December) 20—21.

Cardinale, R. L., Anderson, F. E.: Art games and learning problems — or, what does a tall, courageous, prickly ear look like? In: Art Education 32 (1979, January), 17—19.

Carter, J. L., Miller, P. K.: Creative art for minimally brain-injured children. In: Academic Therapy 6 (1971) 245—252.

Carter, K. R., Richmond, B. O., Bundschuk, E. A.: The effect of kinesthetic and visual-motor experiences in the creative development of mentally retarded students. In: Education and Training of the Mentally Retarded 8 (1973) 1, 24—28.

Clements, C. B., Clements, R. D.: Art and mainstreaming. Art instruction for exceptional children in regular school classes. Springfield 1984.

Cohn, L. et al.: Arts in special education. In: School Arts 79 (1979, December) 46—49.

Creskey, M. N.: Puppetry nuggets. In: Journal for Special Educators for the Mantally Retarded 8 (1972) 156.

Dean, R. D., Milam, D.: Art appreciation and technique. In: G/C/T 40 (1985, September/October) 47—50.

De Chiara, E.: Visual arts program for enhancement of the body image. In: Journal of Learning Disabilities 15 (1982) 399—405.

De Wyngaert, L.: Art for the blind. In: Arts & Activities 73 (1973, February) 30—32.

Dobbs, M. C.: Art projects boost skills and self-esteem. In: Instructor 86 (1976, October) 186.

Donahue, A.: Learning disabled, plus art, plus math. In: School Arts 79 (1980, February) 24—25.

Dorn, C. M.: Problems and prospects for programming in the visual arts. In: NASSP Bulletin 69 (1985, September) 62—67.

Dorn, C. M., Douglas, C.: Differentiated staffing: A concept in the education of G/C/T art students and teachers. In: G/C/T 40 (1985, September/October) 6—8.

Drew, L. N., Reichard, G. L.: Use of arts and crafts with educable mentally retarded children. In: Journal of Special Educators for Mentally Retarded 12 (1976) 174—177.

Fahler, D.: Special art for special students. In: Instructor 83 (1974, February) 70.

Fink, G.: Arts for the handicapped. In: Music Education 64 (1978, January) 60— 62.

Freasier, A. W.: Print art: Sequential task programming for the trainable mentally retarded. In: Education and Training of the Metally Retarded 6 (1971, October) 98—107.

Frith, G. H., Mitchell, J. W.: Art education for the mildly retarded students: A significant component of the special education curriculum. In: Education and Training of the Mentally Retarded 18 (1983, April) 138—140.

Frost, J.: Art by touch. In: Arts & Activities 85 (1979, February) 26—27.

Frost, J., Karstens, M. A.: Art by touch. In: Education of the Visually Handicapped 11 (1979, Summer) 38—39.

Frost, J., Karstens, M. A.: Art by touch. In: Education of the Visually Handicapped 11 (1979) 2, 38—39.

Fugaro, R. A. L.: A manual of sequential art activities for classified children and adolescents. Springfield 1985.

Fukarai, S.: How can I make what I cannot see? New York 1974.

Gair, S. B.: An art-based remediation program for children with learning disabilities. In: Studies in Art Education 17 (1975) 1, 55—67.

Gair, S. B.: Form and function: Teaching problem learners through art. In: Teaching Exceptional Children 9 (1977, Winter) 30—32.

Gair, S. B.: Are the arts ready for special education? In: Art Education 31 (1978, November) 13—14.

Gale, G. S.: Ink-a-dink: Mainstreaming a blind child in art class. In: Arts & Activities 83 (1978, May) 30—31; Yearbook of Special Education 5 (1979—80) 221.

Gault, E., Sykes, S.: Crafts for the disabled. New York 1979.

Goebel, A., Gowland, D.: One approach to art in special education. In: 22 Education Canada 1982 (Spring) 20—24.

Gorski, B.: Beyond limitations. The creative art for the mentally retarded. Springfield 1979.

Gould, E., Gould, L.: Arts and crafts for physically and mentally disabled. Springfield 1978.

Goven, Ph., Farber, T., Prins, St., Mangold, B.: The use of sensory stimulation in teaching mentally impaired students. Springfield 1984.

Greene, J. C., Hasselbring, T. S.: The acquisition of language concepts by hearing impaired children through selected aspects of an experimental core art curriculum. In: Studies in Art Education 22 (1981) 32—37.

Guillanio, V.: Using puppets with TMR children. In: New York State Art Therapy Association Bulletin 28 (1978) 3, 18.

Hadary, D. et al.: Breaking sound barriers for the deaf child: Programs developed at American University, Washington, D.C. In: Science and Child 14 (1976, November) 33.

Heiler, J.: Concrete mainstreaming experience: Cementing relations through art. In: Teaching Exeptional Children 15 (1983, Winter) 90—93.

Hordary, D. E., Cohen, S. H.: Laboratory science and art for the blind, deaf and emotionally disturbed children. Baltimore 1978.

Hull, H., Walker, R.: Art in special education: A conversation with a classroom teacher. In: Pointer 29 (1984, Fall) 46—48.

Ito, Y.: More on goblins: Physically handicapped children paint big goblins. In: Arts & Activities 74 (1973, October) 25.

James, P.: Teaching art to special students. Portland 1983.

James, P.: A drawing board for the blind. In: The International Journal for the Education of the Blind 13 (1964) 4, 125.

John, P. A. St.: Art education, therapeutic art, and art therapy. Some relationships. In: Art Education 39 (1986, January) 14—16.

Johnson, G., Bradley, W.: Some correlational aspects of performance on the art scale of the WFPT among certain variables of a deaf population. In: Journal of Experimental Education 39 (1970) 1, 59—62.

Jones, R.: Using art to develop self-esteem for troubled youth. In: Art Education (1986, January) 21—22.

Jones, N. T.: Art and the handicapped. Richmond, Va. 1980.

Kalenius, W. G.: The state of the research. In: Arts and the handicapped. Washington 1978.

Karnes, M. B.: Creative art for learning. Reston 1979.

Kennedy, J., Heywood, M.: I see what I feel. In: The New Beacon 64 (1980) 756, 85—90.

Kiely, A.: Lend me your ears . . . or at least draw me a picture. In: Volta Review (1975, October) 423—430.

Kinsley, L. K.: Teaching art to the deaf. New York 1974.

Kopp, E.: Teaching art to the deaf: Finger painting with first graders. In: Arts & Activities 74 (1973, December) 28—29.

Krone, A.: Art instruction for the developmentally disabled. In: Journal for the Special Educators of Mentally Retarded 13 (1977) 121—123.

Lawrence, P. A.: Teching art to the hearing impaired. Dissertation, James Madison University 1981.

Lee, R.: Art for the retarded children. In: Instructor 79 (1970) 6, 108—109.

Levin, E.: Art and special education. In: School Arts 73 (1974, February) 14—15.

Levine, S. P., Sharow, N., Gaudette, C., Spector, S.: Recreation experiences for the severely impaired or nonambulatory child. Springfield 1984.

Lindsay, Z.: Learning about shape. Creative experience for less abled children. New York 1970.

Lindsay, Z.: Art for the handicapped child. New York 1972.

Lisenco, Y.: Art not by eye. The previously sighted visually impaired adult in F. A. programms. Washington 1972.

Lovano-Kerr, J., Savage, S.: Incremental art curriculum model for the mentally retarded. In: Exceptional Child 39 (1972) 193—199.

Lovano-Kerr, J., Savage, S. L.: Survey of art programs and art experiences for the mentally retarded in Indiana. In: Education and Training of the Mentally Retarded 11 (1976) 200—211.

Low, A. H.: Art by touch. In: School Arts 81 (1981, September) 48.

Lowery, E. L.: Creative stitchery for children with learning disabilities. In: School Arts 79 (1979, November) 36—37.

MacGregor, R. N.: Toward both ends of the continuum: Art education for special groups: Benefits for both the behaviourally disordered and the gifted. In: Education Canada 22 (1982, Spring) 14—19.

McNiff, S. A.: Organizing visual perception through art. In: Academic Therapy 9 (1974) 407—410.

Maillard, E. C. et al.: Very special arts festival. In: Instructor 86 (1977) 134.

Miller, M. G.: Art — a creative teaching tool. In: Academic Therapy 22 (1986, January) 53—56.

Miller, P. F., Miller, S. R.: Relationship of task difficulty to mentally retarded students' interest in art. In: Studies in Art Education 23 (1982) 2, 22—26.

Miller, S. R., Sabatino, D. A., Miller, T. L.: Influence of training in visual perceptual discrimination on drawings by children. In: Perceptual and Motor Skills 44 (1977) 2, 479—487.

Milne, N. M.: Music and art activities for the physically or health impaired student. In: Teaching Exceptional Children 14 (1981, November) 73—74.

Moore, P.: Art and the autistic child. In: Arts & Activities 79 (1976) 3, 28—29.

Moorehead, C.: Bird and blobs and bicycles: Pictures by children in special schools. In: Times Educational Supplement 2882 (1970, August 14) 8.

Morreau, L. E., Anderson, F.: Task analysis in art. Building skills and success for handicapped learners. In: Art Education 39 (1986, January) 52—54.

Nazzaro, J. N., Appell, L., Werner, B.: Arts experiences for the handicapped: A conversation. In: Education and Training of the Mentally Retarded 13 (1978) 380—384.

Netley, C.: Prismatic adaption and visual-motor skills in children with language disabilities. In: Journal of Learning Disabilities 6 (1973) 6, 377—382.

Ogletree, E. J.: Art education for EMR children. In: Special Child 4 (1978, Winter/Spring) 58—60.

Olson, M. E.: Art activities to encourage perceptual development. Ann Arbor 1977.

Parasnis, I., Long, G. L.: Relationship among spatial skills, communication skills, and field dependence in deaf students. In: Directions 1 (1979) 2, 26—37.

Perlmutter, R.: Constructing. In: Teaching Exceptional Children 4 (1971, Fall) 34—41.

Perlmutter, R.: Papercrafts & mobiles. In: Teaching Exceptional Children 4 (1972, Spring) 134—141.

Ring, I.: No pencils allowed: Cut paper still life. In: Arts & Activities 80 (1976, October) 25.

Robinson, C.: Friday: All afternoon art workshops. In: Special Education: Forward Trends 4 (1977) 16—18.

Rodriguez, S.: The special artist's handbook. Art activities and adaptive aids for handicapped students. Englewood Cliffs, N. J. 1984.

Rodriguez, S.: Art for special needs . . . it's exceptional. In: Arts & Activities 28 (1985, December) 44—46.

Rose, H. S.: Helping perceptually handicapped children. In: Child Today 3 (1974, January) 7—9.

Rubin, J. A.: The exploration of a „Tactile Aesthetic". In: New Outlook for the Blind 70 (1976) 369—375.

Rubin, J. A.: Art for the special person. In: Art in the lives of persons with special needs. Washington 1981. S. 15—19.

Rubin, J. A.: Research in art with the handicapped. Problems and promises. In: Studies in Art Education 23 (1981) 1, 7—13.

Rubin, J. A., Klineman, J.: They opened our eyes: The story of an exploratory art program for visually-impaired multiply-handicapped children. In: Education of the Visually Handicapped 6 (1974) 106—113.

Rubin, J. A.: Through art to affect. Blind children express their feelings. In: The New Outlook 69 (1975) 9, 385—391.

Schwartz, F.: Art for the exceptional. In: Art Education 27 (1974, October) 15—18.

Scott, E.: Relieving anxiety through art activity in an inner city school. In: School Arts 70 (1971) 7, 44—46.

Shectman, A. et al.: Insights. Art in special education. Summit 1984.

Sherill, C.: Creative arts for the severely handicapped. Springfield 1979.

Silver, R. A.: Question of imagination, originality, and abstract thinking by deaf children. In: American Annals for the Deaf 122 (1977) 349—354.

Silver, R. A.: Developing cognitive and creative skills through art. Baltimore 1978.

Silver, R. A.: Teaching handicapped children. In: Arts & Activities 85 (1979, April) 41.

Silver, R. A., Lavin, C.: The role of art in developing and evaluating cognitive skills. In: Journal of Learning Disabilities 17 (1977) 7, 416—424.

Silver, R. A.: Children with communication disorders. Cognitive and artistic development. In: American Journal of Art Therapy 14 (1975) 2, 39—47.

Singer, F.: Structuring child behavior through visual art. Springfield 1980.

Smith, S. L.: Role of the arts in the education of learning disabled children. In: Yearbook of Special Education 5 (1979—1980) 277—280.

Sussman, E. J.: Art projects for the mentally retarded child. Springfield 1976.

Swanson, M. E.: Texture and adjectives. Arts & Activities 98 (1985), September) 65.

Szekely, G.: Artist and the child — a model program for the artistically gifted child. In: Gifted Child Quarterly 25 (1981) 67—72.

Taylor, J.: Success through art in a learning disabilities class. In: Arts & Activities 92 (1982, September) 52—53.

Thompson, K.: E.M.R. students . . . responding to their needs. In: Arts & Activities 97 (1985 February) 36—37.

Tilley, P.: Art in the education of the subnormal child. London 1975.

Tunkin, M., Kapperman, G.: Teaching the concept of negative space to blind children: An experience in art. In: Teaching Exceptional Children 10 (1978) 119—120.

Uhlin, D. M.: Art for the exceptional children. Dubuque 1972.

Ulman, E.: Art education for the emotionally disturbed. In: American Journal of Art Therapy 17 (1977, October) 13—16.

Unsworth, J. M.: Art and the handicapped. In: Momentum 12 (1981, May) 44—45.

Volpe, M. H.: Summer arts program for the hearing impaired. American Annals for the Deaf 124 (1979) 34—37.

Wachtman, M.: Prints and batik: Retarded students. In: School Arts 7 (1974, October) 43.

Walker, B. C.: The relative effects of painting and gross-motor activities on the intrinsic locus of control of hyperactivity in learning disabled elementary school pupils. In: Studies in Art Education 21 (1980) 2, 13—21.

Windsor, M. T.: Arts and crafts for special education. Belmont 1972.

Wood, N. C.: Directed art, visual perception, and learning disabilities. In: Academic Therapy 12 (1977) 4, 455—462.

Wright, J. A. (ed.): Art for the exceptional student. A report. Summit 1974.

Wylde, S. R.: Arthur: A creative reward program for acting-out children. In: Child Care Quarterly 8 (1979) 220—226.